D1919780

David Brickner

HOFFNUNG AM ENDE DER ZEIT

Apokalyptische Gedanken eines messianischen Juden

SCM Hänssler

Erklärung

Die meisten der in diesem Buch dargelegten Ansichten erfreuen sich weltweit unter Nachfolgern Jesu allgemeiner Zustimmung. Trotzdem dehnen sich Teile dieses Themas auf Bereiche aus, in denen selbst unter an Jesus gläubigen Menschen ehrliche Meinungsverschiedenheiten bestehen. In derartigen Einzelheiten drückt dieses Buch die Ansichten des Autors aus und repräsentiert nicht notwendigerweise die generelle Meinung der Mitarbeiter von »Juden für Jesus«.

Titel der amerikanischen Originalausgabe: Future Hope. A Jewish Christian Look at the End of the World, by David Brickner. © Copyright 1999 by Purple Pomegranate Productions, San Francisco, Kalifornien, USA.

Bestell-Nr. 395.024
ISBN 978-3-7751-5024-8

© Copyright der deutschen Ausgabe 2008 by
SCM Hänssler im SCM-Verlag GmbH & Co. KG · 71088 Holzgerlingen
Internet: www.scm-haenssler.de
E-Mail: info@scm-haenssler.de
Übersetzung: Lars Kilian
Umschlaggestaltung: waterproof grafikdesign Ingo C. Riecker
Titelbild: mentaldisorder/photocase.com
Satz: Typoscript GmbH, Kirchentellinsfurt
Druck und Bindung: CPI – Ebner & Spiegel, Ulm
Printed in Germany

Soweit nicht anders angegeben wurden die Bibelzitate entnommen aus: Elberfelder Bibel 2006, © 2006 by SCM R.Brockhaus im SCM-Verlag GmbH & Co. KG · Bodenborn 43 · 58452 Witten.
Gelegentlich war es im Interesse der Textverständlichkeit notwendig, die Bibeltexte wörtlich aus dem Englischen zu übersetzen, wobei dem Autor (wenn nicht anders angegeben) die *New King James Version* vorlag.

Inhalt

Vorwort

von Lon Solomon

Vor Kurzem war ich mit meiner Familie Chinesisch essen. Nach der Mahlzeit war ich überrascht, wie viel Interesse die Glückskekse bei allen erregten. Nun ja, wir wussten, dass den in diesen Keksen zu findenden Vorhersagen keine geistliche Realität beizumessen ist. Und trotzdem brütete jeder über seiner »Vorhersage«. Man las einander die Zettel vor, lachte darüber und diskutierte über die Schlussfolgerungen.

Vielleicht haben Sie ähnliche Erfahrungen mit Glückskeksen gemacht. Wir alle sind von Vorhersagen über unsere Zukunft fasziniert – selbst, wenn sie nicht stimmen.

Wenn wir uns allerdings der Bibel zuwenden, finden wir eine ganz andere Situation vor. Wir finden Vorhersagen über die Zukunft, die stimmen. Gott stellt sich in der Bibel als derjenige vor, der »von alters her (verkündet), was noch nicht geschehen ist« (Jesaja 46,10).

Viele der in der Bibel vorhergesagten Ereignisse sind im Laufe der Menschheitsgeschichte bereits eingetroffen. Beispielsweise sind mehr als 30 Vorhersagen über das irdische Leben Jesu bereits erfüllt worden, und das mit geradezu unheimlicher Genauigkeit. Trotzdem gibt es immer noch eine riesige Anzahl von Weissagungen über das Ende der Zeiten, die sich heute auf ihre Erfüllung zubewegen.

Darum geht es in David Brickners Buch *Hoffnung am Ende der Zeit*. Es geht um zukünftige Ereignisse, die zum Ende dieser Welt führen, wie wir sie kennen. Aber es geht nicht um Verzweiflung – es geht darum, wie wir Hoffnung haben können, wenn wir uns diesen bevorstehenden Ereignissen stellen.

David Brickner ist der Internationale Direktor von »Juden für Jesus«. Seine Vision und die von »Juden für Jesus« ist nicht klein: Sie wollen die Messianität Jesu für unser jüdisches Volk weltweit zu einem unumgänglichen Thema machen. David Brickner glaubt, dass das jüdische Volk sich intensiv mit bestimmten Themen befassen muss wie beispielsweise: »Wo komme ich nach diesem Leben hin? Gibt es einen Grund, auf etwas Besseres in der Zukunft zu hoffen? Welche Antworten hat Jesus diesbezüglich anzubieten?« Und Brickner glaubt, dass es für jüdische Menschen richtig ist, die Ansprüche Jesu zu untersuchen – ob nun die Rabbiner dem zustimmen oder nicht.

David Brickner weiß, wovon er spricht. Er selbst ist Jude und in der fünften Generation an Jesus gläubig. Er leitet die weltweit wohl wirkungsvollste Institution, wenn es darum geht, jüdischen Menschen beim Nachdenken über die Messianität Jesu zu helfen. Brickner kennt seine Bibel gut, und er weiß, wie er biblische Wahrheiten effektiv weitergeben kann – und zwar so, dass man nicht von vornherein religiös sein muss, um ihn zu verstehen.

In diesem Buch geht Brickner ein heißes Thema an. Er erklärt die Lehren der Bibel auf eine Weise, die jüdische Menschen und Nichtjuden gleichermaßen herausfordert, die Ansprüche Jesu an unser persönliches Leben zu überdenken. Brickner weist darauf hin, wo wir Hoffnung finden können – trotz der turbulenten Ereignisse, die uns und der Welt bevorstehen.

Als an Jesus Gläubiger finde ich dieses Buch sowohl tröstend als auch fesselnd. Für Juden halte ich es für eine Pflichtlektüre. Wer Sie auch sein mögen – ich kann Ihnen versichern: Es wird Ihnen schwerfallen, das Buch aus der Hand zu legen – selbst wenn Sie schon wissen, wie es ausgeht.

Lon Solomon
Pastor der McLean Bible Church/Virginia (USA)

Einleitung

Ich möchte, dass die Menschen wissen: Den Gott Israels gibt es wirklich. Er ist leidenschaftlich um diese Welt besorgt. Biblische Prophetie enthält einige äußerst überraschende und überzeugende Belege, um diesen Glauben zu untermauern. Im Gegensatz zu vielen der Weltuntergangspropheten unserer Zeit haben die jüdischen Propheten eine Botschaft der Hoffnung und Verheißung für die Zukunft aufgeschrieben. Die Bibel enthält diese prophetische Botschaft; allerdings denken viele Menschen, man müsse ein Gelehrter sein, um diese Prophetien zu verstehen.

Hoffnung am Ende der Zeit richtet sich an den Neugierigen, den Suchenden, den Einsteiger und sogar an den Skeptiker, der bereit und willens ist, sich hinzusetzen und darüber nachzudenken, was die Bibel über die Zukunft lehrt – besonders über das Ende der Welt, wie wir sie kennen.

Für nicht wenige Menschen scheint das einzig Sichere an der Zukunft deren *Un*sicherheit zu sein. Andere sehen nicht über Schmerzen und Leiden hinaus. Wir können uns nicht blind stellen für die sehr realen Probleme, die die Menschheit hat. Aber es gibt wirklich Hoffnung auf Freude und auf eine Zukunft voller Frieden. Ich möchte, dass Menschen diese Hoffnung für sich selbst entdecken können, und denke, ein Buch wie dieses könnte dabei hilfreich sein.

Jedes Kapitel befasst sich mit speziellen Vorhersagen der Bibel über das Ende der Welt. Die Themen sind zwar der Reihenfolge nach angeordnet, aber die Kapitel sind so angelegt, dass auch jedes für sich selbst gelesen werden kann und die Reihenfolge nicht eingehalten werden muss. Wenn Sie das Inhaltsverzeichnis überfliegen, möchten Sie vielleicht mit dem Thema beginnen, dass Sie am meisten interessiert oder beunruhigt.

Garrett Smith und ich haben viele Stunden damit verbracht, für die Zentrale von »Juden für Jesus« in San Francisco eine Vortragsreihe zu erarbeiten. Diese Vorträge habe ich in elf Kapitel plus einige Anhänge zusammengefasst, wie Sie es in diesem Buch finden. Ruth Rosen, seit vielen Jahren meine vertraute Lektorin, hat hart gearbeitet, um mein Werk in eine lesbare Form zu bringen. Dieses Buch ist zwar keinesfalls eine erschöpfende

Studie über Endzeitprophetie; Sie bekommen jedoch Zugang zu grundlegenden Informationen über Tatsachen, die Ihr Schicksal betreffen. Ich hoffe, dass Sie beim Lesen eine umfassende und unerschütterliche Hoffnung auf den Einen finden, der Ihre Zukunft in seinen Händen hält.

David Brickner
Internationaler Direktor von »Juden für Jesus«

Dank

Garrett Smith und Ruth Rosen haben zu diesem Buch ebenso viel beigetragen wie ich. Garrett hat mit mir zusammen einen Großteil der Recherchen erledigt. Und trotz einiger Meinungsverschiedenheiten (oder vielleicht gerade deswegen) hat es uns große Freude gemacht, gemeinsam die Vorträge zu halten, die diesem Buch zugrunde liegen. Ruth Rosen hat zusammen mit Debbie Wagner und Vicki Dunton Lektoratsarbeit geleistet. Dank auch an Susan Perlman für ihre Beiträge sowie an die ganz besondere Gruppe der Mitarbeiter von »Juden für Jesus«, die unsere Lehrvorträge treu besucht und uns mit ihren Fragen und Kommentaren geholfen haben, unsere Vorstellungen klarer ausdrücken zu können.

1 Das Tempo nimmt zu

Befinden wir uns in der Endzeit?

»Denn ich kenne ja die Gedanken, die ich über euch denke, spricht der HERR[1], Gedanken des Friedens und nicht zum Unheil, um euch Zukunft und Hoffnung zu gewähren.« (Jeremia 29,11)

Seit Anbeginn der Zeiten recken die Menschen die Hälse im Versuch, einen Blick in die Zukunft zu tun. Im Altertum beschäftigten die Könige Seher, Propheten und Wahrsager, die aus Tiereingeweiden kommende Ereignisse herauslasen – seinerzeit regelrechte Berufe, deren Aufgabe darin bestand, die Zukunft vorherzusagen.

Auch heute sehnen sich die Menschen immer noch nach einem zuverlässigen Einblick in die Zukunft. Einige lassen sich in spiritistische Sitzungen mit dem Ouija-Board (einer Buchstaben- und Zahlentafel) verwickeln. Andere lesen ihr Horoskop in der Tageszeitung. Manche Menschen bezahlen Hellsehern für Telefonberatungen pro Minute stattliche Gebühren. Wieder andere befassen sich mit esoterischen Praktiken wie der Kabbala oder Bibelcodes, um etwas von künftigen Geschehnissen zu erfahren. Dann gibt es Menschen, die selbst ernannten Gurus und Verführern wie Nostradamus, Edgar Cayce[2] und JZ Knight[3] hinterherlaufen, die behaupten, über das Morgen hinausschauen zu können. Es entspricht unserer Natur, dass wir wissen möchten, was vor uns liegt.

Es gibt Menschen, die sich »nur zum Spaß« mit solchen Voraussagen beschäftigen. Aber für die meisten spiegelt der Hunger nach der Kenntnis der Zukunft das Verlangen wider, irgendeine Sicherheit zu haben und das eigene Schicksal unter Kontrolle zu bekommen. Der Eifer, zu ergründen, was das Morgen bringt, steigert sich ständig.

Was aber sollen wir hinsichtlich der Zukunft glauben? Vorhersagen über politische, wirtschaftliche und ökologische Katastrophen gibt es ja im Überfluss.

Es gibt ja Leute, die auf derartige Vorhersagen reagieren, indem sie Nahrungsmittel und andere überlebenswichtige Vorräte horten. Manche planen sogar angeblich, sich in weit abgelegenen Gebieten zu verkriechen, um den heraufziehenden Sturm zu überstehen. Andere sehen das eher skeptisch und nennen es Angstmacherei.

Können wir's wirklich wissen?

Können wir denn wirklich wissen, wer recht hat? Gibt es eine Ausgewogenheit zwischen Überreaktion und Unterschätzung der möglichen Probleme, die vor uns liegen? Ich denke schon.

Wieder und wieder hat sich gezeigt, dass die Bibel absolut korrekt über vergangene Ereignisse berichtet und die Zukunft erstaunlich genau vorhersagt. Das mutet möglicherweise wie pure Ironie an, angesichts der Tatsache, dass die Bibel Aktivitäten wie Wahrsagerei, Hexerei und Zukunftsdeuterei ausdrücklich verbietet. Nichts davon darf laut der Torah geduldet werden. (5. Mose 18,10-12 ist eine von vielen Stellen, die solche Dinge verbieten.) Angesichts dessen könnte es manchem so vorkommen, als wolle Gott uns blind herumstolpern lassen – ohne uns auch nur im Entferntesten mitzuteilen, was vor uns liegt.

In Wirklichkeit trifft das Gegenteil zu! Gott möchte einfach nicht, dass Menschen sich auf Gedeih und Verderb denen ausliefern, die lediglich Profit aus der Furcht vor der Zukunft schlagen wollen. Gott weiß auch, dass die von den Menschen zum Ergründen der Zukunft benutzten dunklen Mächte betrügerisch sind. Er möchte, dass wir bestimmte Dinge über die Zukunft wissen; aber er möchte, dass wir sie genau wissen. Darum sagt er uns:

»Gedenket des Früheren von der Urzeit her, dass ich Gott bin. Es gibt keinen sonst, keinen Gott gleich mir, der ich *von Anfang an den Ausgang verkünde und von alters her, was noch nicht geschehen ist, – der ich spreche: Mein Ratschluss soll zustande kommen, und alles, was mir gefällt, führe ich aus*« (Jesaja 46,9-10; Hervorhebung vom Autor).

Gott hat kein Interesse daran, etwas zu verbergen. Er möchte uns vielmehr die Tatsachen über die Zukunft offenbaren, die für unser Wohlergehen unabdingbar sind. Wie unterscheidet sich Gottes Art, Mitteilungen über die Zukunft zu machen, von der eines Mediums oder Wahrsagers? Nun: Gott verlangt nichts für seine Offenbarungen. Auch bietet er Prophetie nicht als eine Art »Frühausgabe« der Zukunft an oder als Möglichkeit, die Zukunft zu verändern, nur weil wir sie kennen. Gott vermittelt uns nicht die Illusion, wir könnten das Kommende kontrollieren. Aber er gibt uns die sehr reale Möglichkeit, mit dem Kommenden fertig zu werden. Viele Menschen verzweifeln angesichts der Unmenge möglicher Szenarien, die für die Zukunft nichts als Hoffnungslosigkeit zu bieten scheinen. Gott hat uns demgegenüber die Szenarien geschildert, die tatsächlich kommen werden, damit wir – anstatt zu verzweifeln – uns auf das vorbereiten können, was vor uns liegt.

Befinden wir uns in der Endzeit? In der Bibel werden drei Themenfelder aufgezeigt, die andeuten, dass dem in der Tat so ist. Das erste Feld wird »Geburtswehen« genannt und markiert eine Gruppe von Ereignissen. Das zweite Feld beinhaltet den Staat Israel. Und das dritte hat mit Juden zu tun, die an Jesus glauben. Jedes dieser Themenfelder weist auf eine Zeit hin, die von der Bibel als »Ende der Tage« bezeichnet wird. Für manche Leute ist das Ende der Welt furchterregend. Dieses Buch möchte Ihnen zum Verständnis dessen verhelfen, was die Bibel über diese Dinge sagt, damit Sie sich nicht fürchten müssen, sondern voller Hoffnung sein können.

Die Geburtswehen des Messias

»Denn viele werden unter meinem Namen kommen und sagen: *Ich* bin der Christus! Und sie werden viele verführen. Ihr werdet aber von Kriegen und Kriegsgerüchten hören. Seht zu, erschreckt nicht! Denn es muss geschehen, aber es ist noch nicht das Ende. Denn es wird sich Nation gegen Nation erheben und Königreich gegen Königreich, und es werden Hungersnöte und Erdbeben da und dort sein. Alles dies aber ist der Anfang der Wehen.« (Matthäus 24,5-8)

Jeschua (der jüdische Name für Jesus) hielt diese Rede als Antwort auf eine Frage, die jemand über das Ende der Welt gestellt hatte. Das von ihm verwendete Bild – Wehen – beschreibt genau die Zeit, in der wir leben. Durch Geburtswehen zeigt der Körper einer Frau an, wie nahe die Geburt bevorsteht. Sie werden schmerzhafter und häufiger, je näher die Geburt rückt. Ich erinnere mich daran, wie meine Frau Patti vor der Geburt unseres ersten Kindes stand. Ihre Wehen begannen am Tag vor Jom Kippur 1988. Als ich an diesem Abend vom Kol-Nidre-Gottesdienst zurückkam, lagen wir im Bett und beobachteten die Wehen. Je häufiger und intensiver sie wurden, desto näher kam die Geburt unseres Babys. Um 5 Uhr morgens schließlich waren sie so schmerzhaft und folgten so dicht aufeinander, dass wir wussten: Jetzt ist es an der Zeit, ins Krankenhaus zu gehen. Um 10.30 Uhr an diesem Morgen wurde unser Sohn Isaac geboren.

So ist es mit den Geburtswehen des Messias. Jesus hat uns eine Liste von Symptomen genannt, nach denen wir ausschauen sollen. Je häufiger und intensiver diese Symptome auftreten, desto näher steht das Ende bevor: Kriege und Kriegsgerüchte; Nation erhebt sich gegen Nation und Königreich gegen Königreich; Hungersnöte und Erdbeben an verschiedenen Orten. All diese »Wehen« schaffen eine Atmosphäre der Erwartung. Kann es sein, dass uns Jesu Worte irgendwie realistisch vorkommen? Wir wissen jedenfalls, dass die von ihm erwähnten Dinge häufiger und intensiver werden.

»Denn es wird sich Nation gegen Nation erheben ...« Schauen Sie sich die Nationen an. Viele Menschen im Westen dachten beim Zusammenbruch der Sowjetunion, nun werde es endlich Frieden geben. Das Ende des Kalten Krieges müsse doch der Anfang einer sicheren und fröhlichen Welt sein. Aber was ist stattdessen geschehen? Eine unglaubliche Menge ethnischer Konflikte ist ausgebrochen. Ob nun Bosnien oder Kosovo – Animosität und Misstrauen gibt es weiterhin, und sie schaffen sich auf immer neue und sich steigernde Art Ausdruck. Früher friedlich koexistierende Nachbarn bekriegen einander nun.

Als die afrikanischen Völker den sie unterdrückenden Kolonialmächten entkamen, erwarteten auch sie endlich Frieden und Freiheit. Doch was ist stattdessen geschehen? Schauen Sie sich doch nur den schrecklichen Preis an, den Ruanda in seinem Bürgerkrieg gezahlt hat: »Im zentralafrikanischen Staat Ruanda wurden im Jahr 1994 in einem kaum drei Monate dauernden Völkermord eine Million Menschen ermordet. Auf dem Höhepunkt der Schlächterei brachten Hutus stündlich 400 Tutsis um.« (Holger Jensen, »Genocide Flourishing as World Shuts Its Eyes«, in: *Inside Denver*)

Fast auf jedem Kontinent ist von tragischen Ereignissen zu berichten. Lassen wir es mit der Bemerkung bewenden, dass die Häufigkeit von Kriegen definitiv zunimmt.

»Und es werden Hungersnöte und Erdbeben da und dort sein.« Es hat immer Naturkatastrophen wie auch Erdbeben gegeben. Doch schauen wir uns einmal den aktuellen Trend an: 1940 gab es 51 Erdbeben, deren Stärke auf der Richterskala 6,0 überstieg. In den 1980ern gab es mehr als 1.000 solcher Beben. In den 90er Jahren des 20. Jahrhunderts gab es mehr als 1.500 Erdbeben mit einer Stärke von mehr als 6,0 auf der Richterskala.

Trotz aller Wunder der modernen Technologie verhungern immer noch täglich Tausende von Menschen. Ein Beispiel: »Bis zu 800.000 Menschen täglich könnten in den vergangenen zwei oder drei Jahren im hungergeplagten Nordkorea an Unterernährung und damit verbundenen Krankheiten gestorben sein, wie eine südkoreanische Expertenkommission am Mittwoch verlauten ließ.« (3. März 1999: *Reuters Limited.*) Einige Hungersnöte liegen an Ernteausfällen, andere sind das Ergebnis von Kriegen, und wieder andere werden durch Naturkatastrophen verursacht.

Die Bibel spricht von wachsender Gesetzlosigkeit als weiterer Geburtswehe: »Dies aber wisse, dass in den letzten Tagen schwere (oder böse) Zeiten eintreten werden; denn die Menschen werden selbstsüchtig sein, geldliebend, prahlerisch, hochmütig, Lästerer, den Eltern ungehorsam, undankbar, unheilig, lieblos, unversöhnlich, Verleumder, unenthaltsam, grausam, das Gute nicht liebend, Verräter, unbesonnen, aufgeblasen, mehr das Vergnügen liebend als Gott ...« (2. Timotheus 3,1-4).

Wer kann heute noch Nachrichtensendungen anschauen, ohne zunehmende Gesetzlosigkeit festzustellen? Kinder erschießen einander und spazieren weiter, so abgebrüht, dass ihnen nicht einmal auffällt, dass sie etwas Falsches getan haben. Ein Artikel unter dem Titel *Schoolyard Shootings* (»Schießereien auf dem Schulhof«) berichtet von folgenden Zwischenfällen:

»Im März wurden in der kleinen ländlichen Stadt Jonesboro, Arkansas (USA), vier Kinder und ein Lehrer erschossen, vermutlich von zwei 11 und 13 Jahre alten Jungen. Die Jungen trugen Tarnkleidung. Sie hatten sich aus der Sammlung des Großvaters eines der Jungen Kleinkaliberwaffen besorgt und lösten dann den Feueralarm der Schule aus. Als Lehrer und Kinder hinausströmten, eröffneten sie das Feuer und töten vier ihrer Klassenkameraden sowie einen Lehrer, der ein anderes Kind mit seinem Körper abschirmte.

Im April hat ein Schüler in Edinboro, Pennsylvania (USA), bei einer Schulabschlussfeier einen Lehrer erschossen und drei weitere verletzt. Der 14-Jährige hatte zuvor davon gesprochen, dass er Menschen umbringen wolle. Edinboro ist eine kleine Ortschaft in der Nähe von Pittsburgh. Viele Menschen waren dorthin gezogen, um der Gewalt in den Städten zu entkommen.« (*Illinois School Board Journal*, Mai/Juni 1998: Artikel 2)

Selbst die Optimisten unter uns können sich der Tatsache nicht verschließen, dass unsere Gesellschaft schwer erkrankt ist und die Prognose nicht rosig aussieht.

Auch Verfolgung aufgrund von Religion intensiviert sich. Furcht ergreift die Dorfbewohner im Sudan, weil muslimische Banden die Häuser von Christen ausplündern, Frauen vergewaltigen und Kinder versklaven. Ein orthodoxer Jude platzt in eine Moschee in Hebron und schießt muslimische Gläubige zu Dutzenden nieder. »Freiheitskämpfer« der Hamas bringen auf einem geschäftigen Jerusalemer Markt israelische Käufer um. In Indonesien schlachten Christen und Muslime einander ab. In Indien zündet eine Volksmenge zorniger Hindus ein Auto an und verbrennt einen australischen Missionar mit seinen beiden Jungen bei lebendigem Leib.

Menschen kämpfen heute aufgrund ihrer Religion, weil sie meinen, sie hätten die Wahrheit für sich gepachtet und müssten alle anderen auf den richtigen Weg bringen. Andere werden schlicht von Menschen betrogen, die vorgeben, der Messias zu sein. Sie laufen blindlings falschen Propheten nach, welche behaupten, Gott habe ihnen besondere Einblicke gegeben. Jim Jones, David Koresh und der japanische Kultführer Shoko Asahara haben jeweils ihre Anhänger in die Zerstörung geführt. Zur Erinnerung: Auch eine Zunahme an falschen Messiassen wurde als Teil der von Jeschua in Matthäus 24 genannten Geburtswehen vorausgesagt.

Als Jeschua von diesen schmerzhaften Anzeichen sprach, sagte er: »Seht zu, erschreckt nicht! Denn es muss geschehen, aber es ist noch nicht das Ende.« Er wollte, dass die Menschen wachsam und bereit, aber nicht ängstlich sind. Mit den Vorhersagen all dieser Geburtswehen möchte Gott allen, die ihm vertrauen, helfen, sich auf das Kommende vorzubereiten. Gott möchte, dass die Menschen ihre Hoffnung auf ihn setzen. Trotz all der uns umgebenden Probleme und Leiden können wir wissen, dass ein Weg durch all das hindurchführt. Wir können wissen, dass Gott Herr der Lage ist.

Ein weiteres Anzeichen: ein Wunder unserer Zeit

»Und sie werden fallen durch die Schärfe des Schwertes und gefangen weggeführt werden unter alle Nationen; und Jerusalem wird zertreten werden von den Nationen, bis die Zeiten der Nationen erfüllt sein werden.« (Lukas 21,24)

Diese Weissagung betrifft Israel und Jerusalem. Vor nicht allzu langer Zeit neigten die Menschen dazu, die Vorhersagen der Bibel über die Zukunft als symbolisch zu betrachten. Es war ihnen unvorstellbar, dass die in der Bibel beschriebenen Endzeitereignisse möglicherweise im wörtlichen Sinn zu verstehen sein könnten. All das änderte sich innerhalb des letzten Jahrhunderts mit drei Ereignissen. Der Aufstieg der zionistischen Bewegung gegen Ende des 19. Jahrhunderts, die Gründung des modernen Staates Israel und die Wiedergewinnung Jerusalems durch Israel im Jahr 1967 haben die Bahn für all die Endzeitereignisse frei gemacht, die die Bibel für dort ankündigt. Die Tatsache, dass das jüdische Volk ins Land zurückgekehrt ist und die Kontrolle über Jerusalem wieder übernommen hat, zeigt deutlich, dass wir uns in der Tat in der Endzeit befinden.

Der Zeitraum, den die Bibel mit »Zeiten der Nationen« bezeichnet, begann mit der Zerstörung des Tempels und ganz Jerusalems. Jesus sagte dieses abscheuliche Ereignis voraus; Titus und die römischen Soldaten erfüllten die Prophetie im Jahre 70 n.Chr. schrecklich und vollständig.

Die Worte Jesu klangen durch die Jahrhunderte nach. Jerusalem ist von den Nationen »zertreten« worden. Nichtjuden hatten die Stadt seither unter Kontrolle ... bis jetzt. Mit dem Aufstieg der zionistischen Bewegung wurde die ferne Hoffnung des jüdischen Volkes auf eine Rückkehr ins Land Israel zu einem drängenden Verlangen. In mehreren Wellen kehrten Einwanderer aus weit entfernten Ländern zurück.

Im Jahr 1948 wurde Israel schließlich ein Staat. Das jüdische Volk wohnte wieder in dem Land, das Gott ihnen gegeben hatte.

Das war seit 2.000 Jahren nicht mehr der Fall gewesen! Aber die alte Stadt Jerusalem wurde noch immer »von den Nationen zertreten«. Sie stand unter jordanischer Herrschaft und gehörte nicht zum jüdischen Hoheitsgebiet. Dann, 1967, als Ergebnis des Sechs-Tage-Kriegs, nahm Israel die Altstadt, die Davidsstadt, wieder ein. Zum ersten Mal in 2.000 Jahren wird die heilige Stadt Jerusalem nicht mehr von nichtjüdischen Nationen »zertreten«. Sie steht jetzt unter jüdischer Herrschaft. Ist Ihnen klar, was das bedeutet? Was früher unvorstellbar war, ist heute durchaus möglich. Die Mehrzahl der endzeitlichen Ereignisse, von denen Sie in diesem Buch lesen werden, hätten sich in den vergangenen 2.000 Jahren nie und nimmer zutragen können. Jetzt können sie geschehen.

Und wie ist all das möglich geworden? Viele haben die Überlegenheit der israelischen Streitkräfte gepriesen. Andere haben auf ihre klugen Militärstrategen hingewiesen. Wenn man aber anschaut, wie die Chancen für Israel standen, scheint es menschlich kaum möglich, dass es sich gegen so viele Feinde durchsetzen konnte. Ein Historiker beschrieb die Lage im jüdischen Viertel Jerusalems im Dezember 1948 so: »Hier leben ca. 1.700 Juden, darunter nur 150 Kämpfer, umgeben von mehr als 20.000 Arabern – fest entschlossen, dieses potenzielle Trittbrett für die jüdische Eroberung der gesamten Altstadt auszumerzen«.

Und im Sechs-Tage-Krieg waren Israels Chancen natürlich geradezu mikroskopisch klein. Das *British Institute for Strategic Studies* (»Britisches Institut für strategische Studien«) schätzte, dass Israel ca. 60.000 Berufssoldaten sowie 204.000 Reservisten aufbieten konnte. An Waffen besaß es ca. 800 Panzer und etwa 350 Flugzeuge. Die vereinigten Streitkräfte von Ägypten, Syrien und Jordanien verfügten über 951.190 Berufssoldaten, 205.000 Reservisten, 1.932 Panzer und mehr als 1.162 Flugzeuge.

Das Überleben Israels ist in der Tat ein Wunder unserer Zeit und ein Zeichen, dass wir uns in den letzten Tagen befinden.

Juden für Jesus – ein weiteres Zeichen der Zeit

»Denn ich sage euch: Ihr werdet mich von jetzt an *nicht* sehen, bis ihr sprecht: ›Gepriesen sei, der da kommt im Namen des Herrn!‹« (Matthäus 23,39)

Die meisten Menschen wissen, dass Jesus Jude ist, dass seine Jünger und all seine ersten Nachfolger ebenfalls Juden waren. Ja, als die Römer den Tempel zerstörten, wurden sogar noch mehr Juden an Jesus gläubig, weil sie sich daran erinnerten, dass er genau dieses Ereignis vorhergesagt hatte. Einige Gelehrte nehmen an, dass gegen Ende des ersten Jahrhunderts ein Drittel aller jüdischen Menschen, die noch im Land Israel lebten, an Jesus glaubten. Dann kamen Verfolgung und Zerstreuung. Vom 4. bis zum 19. Jahrhundert gab es sicherlich einen kleinen Rest jüdischer Menschen, die an Jesus glaubten; aber sie wurden nicht bemerkt und waren nicht ohne Weiteres erkennbar.

Als im 19. Jahrhundert der Zionismus im Aufstieg begriffen war und die heutigen Kinder Israels anfingen, ins Land zurückzukehren, kamen auch wieder jüdische Menschen zum Glauben an Jesus. Seit 1900 geschieht das in einer Häufigkeit wie nie zuvor seit dem ersten Jahrhundert, vor allem in den vergangenen vier Jahrzehnten. Heute glauben mehr Juden an Jesus als je zuvor.

Warum ist das so bedeutsam? Aufgrund der Wichtigkeit der Aussage Jeschuas in Matthäus 23,39: »Ihr werdet mich von jetzt an *nicht* sehen, bis ihr sprecht: ›Gepriesen sei, der da kommt im Namen des Herrn!‹« Das waren die letzten öffentlichen Worte, die Jesus im Tempel in Jerusalem gesprochen hat. Zuvor hatte Jesus in seiner Rede aus dem 118. Psalm zitiert. Dieser Schlüsselpsalm sagt das Kommen des Messias mit folgenden Worten voraus: »Der Stein, den die Bauleute verworfen haben, ist zum Eckstein geworden. Vom HERRN ist dies geschehen, es ist ein Wunder vor unseren Augen« (V. 22-23). Jesus benutzte diesen Abschnitt, um sich selbst als den Messias zu identifizieren, der abgelehnt und eines Tages vom jüdischen Volk als der eigentliche Eckstein erkannt werden sollte, das Fundament für alles, was der Tempel und Jerusalem symbolisierten. Hier sind wir nun, zweitausend Jahre später, und eine bedeutsame und wachsende Minderheit jüdischer Menschen sagt zu Jesus: »Gepriesen sei, der da kommt im Namen des Herrn.«

Einige denken, Christen würden jüdischen Menschen nur von Jesus erzählen, um seine Wiederkunft zu beschleunigen. Ein Missionsgegner witzelte, dass »die Juden vermutlich das Theater aufhalten«, indem sie nicht an Jesus glauben. Aber Christen, die ihren jüdischen Freunden von Jesus erzählen, geben sich auch nicht mehr Mühe, Prophetie zu erfüllen, als die israelischen

Soldaten, die 1967 Jerusalem zurückeroberten. Die Soldaten kämpften für ein jüdisches Heimatland, für Freiheit und für das Land, das Gott unserem Volk versprochen hat. Das Ergebnis ihrer Mühen deutet an, dass wir in der Endzeit stehen. Gleichermaßen ist die Motivation der Christen, die darauf drängen, ihren jüdischen Freunden von Jesus zu erzählen, dass ihnen aufrichtig an ihren Freunden liegt. Sie glauben fest, dass diese Freunde Friede und ewiges Leben – die Erfüllung der Verheißungen Gottes – nur durch Jeschua finden werden. Und genau das geschieht.

Sehen Sie selbst, was einige der jüdischen Jünger unserer Zeit über Jeschua zu sagen haben:

> »Jesus hat die Lücke gefüllt, die Besitz, Position und Macht nie füllen können. Jesus war die Antwort, ist die Antwort und wird immer die Antwort auf unsere tiefsten Nöte und Bedürfnisse sein. Er ist auch die Antwort für Sie. Bitte lehnen Sie diese Antwort nicht ab, bevor Sie Gott die Frage stellen, auf die er wartet.« (Dr. Jack J. Sternberg, Onkologe)

> »Das war eine richtige Offenbarung für mich, als ich erfuhr, dass Jesus nicht das persönliche Eigentum des Vatikan ist. Er gehört auch uns – ein Jude von Juden! Das fügte meiner jüdischen Identität noch eine ganz neue Dimension hinzu. Jüdisch zu sein war mehr, als mit Fäusten meine Ehre und die Ehre meines Volkes zu verteidigen. Schließlich ging es in der Bibel um Juden und um den jüdischen Messias, Jesus. Außerdem wurde sie von Juden und für Juden geschrieben ... da bin ich mit eingeschlossen. Die Bibel sagt, dass ich Teil von Gottes Königsherrschaft sein kann, und das war die beste Botschaft, die ich je gehört habe.« (Norman Buskin, Polizist)

> »Als ich ihn annahm, hatte das einzig und allein einen Grund. Gott hatte mir gezeigt: Ja, Jesus ist der erwartete Messias. Das war Grund genug, um an ihn zu glauben ... Die Erkenntnis, dass ich Christ geworden war, ließ mich nicht auch nur für einen Augenblick daran zweifeln, dass ich immer noch jüdisch bin ... Ich wurde als Jude geboren und werde als Jude sterben. Mein Glaube an den Messias ist das natürliche Ergebnis meiner Suche nach Gott und nach Erfüllung meiner jüdischen Identität.« (Dr. Vera Schlamm, Kinderärztin im Ruhestand, Holocaust-Überlebende)

Viele Juden wie Nichtjuden haben entdeckt, dass alle, die ihr Vertrauen auf den Messias Jesus setzen, nichts zu fürchten, aber alles zu hoffen haben.

Gott hat Pläne. Er weiß, was die Zukunft bringt; er lädt auch uns ein, es – zumindest teilweise – zu erfahren. Wenn wir sehen, wie die in den Propheten vorhergesagten Dinge eintreffen, haben wir allen Grund, Gott zu vertrauen und uns an seine Verheißungen zu klammern. Darum geht es bei der Hoffnung am Ende der Zeit.

2 Sie meinen, Sie hätten Probleme?

Was ist die große Trübsal?

»Denn dann wird große Bedrängnis sein, wie sie von Anfang der Welt bis jetzt nicht gewesen ist und auch nie sein wird.«
(Matthäus 24,21)

Stellen Sie sich vor, Sie sind in einer überfüllten Innenstadt unterwegs. Die Straßen quellen über: Leute kaufen ein, eilen zur Arbeit oder nach Hause. Plötzlich steht ein Mensch vor ihnen, der total fehl am Platze zu sein scheint. Er ist ein wenig ungepflegt, seine Augen blicken eindringlich. Er schreit laut (nach wem, können Sie nicht so richtig feststellen). Das heißt ... bis er Ihren Blick einfängt. Sie sehen, wie er ein Schild mit großen roten Buchstaben hochhebt – darauf steht: **Tu Buße! Das Ende der Welt ist nahe!** Sie gehen schneller und schlagen einen weiten Bogen, um an ihm vorbeizukommen. »Was für ein Spinner«, murmeln Sie vor sich hin. Und gehen weiter.

Gericht. Für die Mehrheit der Menschen ist das ein Thema, das es um jeden Preis zu vermeiden gilt. Wir haben eine starke Abneigung dagegen, uns sagen zu lassen, dass wir im Unrecht sind – noch viel mehr, dass wir die Konsequenzen dafür tragen müssen. Aber eben deshalb warnt Gott vor dem Gericht – damit Menschen positiv reagieren und die Konsequenzen vermeiden können.

Im alten Israel sandte Gott Propheten, um die Menschen auf kommendes Unheil aufmerksam zu machen. Das waren keine besonders angenehmen Menschen. Und vielleicht erschien vielen schon damals ihr Verhalten übertrieben dramatisch. Aber niemand konnte ihre Warnungen überhören. Und dennoch: Selbst nachdem diese Propheten gehört worden waren, missachteten die Menschen ihre Mahnungen. Wir wissen aus der Geschichte: Wenn Israel die Propheten ignorierte, waren die Folgen bitter. Kriege, Gefangenschaft, Zerstreuung ... Alles, was die Propheten vorhergesagt hatten, geschah. Das heißt ... fast alles.

Schwierigkeiten sind im Anmarsch

Die gleichen Propheten sagten gewisse Ereignisse voraus, die noch nicht eingetroffen sind. Sie sprachen von einer Zeit, die als »große Trübsal« oder auch »große Bedrängnis« bezeichnet wird: eine Zeit, die sich durch unermessliche weltweite Schrecken auszeichnen soll, wie dieser Planet sie noch nie gesehen hat. So etwas würde man seinem schlimmsten Feind nicht wünschen! Auch Jeschua hat von dieser furchtbaren Zeit gesprochen; der am Anfang dieses Kapitels zitierte Vers ist ein Auszug aus seiner Rede, die diese Bedrängniszeit beschreibt. Das letzte Buch im Neuen Testament, die Offenbarung, beschreibt diese zukünftigen Ereignisse noch ausführlicher. Dort werden drei Gerichtsreihen beschrieben, jede einzelne entsetzlicher als die vorhergehende. Lassen wir es mit der Anmerkung bewenden, dass diese Zeit ihresgleichen in der Menschheitsgeschichte sucht.

In der hebräischen Heiligen Schrift ist der gebräuchlichere Ausdruck für diese Zeit der Bedrängnis »der Tag des HERRN«. Diesen Ausdruck finden wir an 26 Stellen in der Schrift.

»Heult, denn nahe ist der Tag des HERRN! Er kommt wie eine Verwüstung vom Allmächtigen. Darum werden alle Hände erschlaffen, und jedes Menschenherz wird zerschmelzen. Und sie werden bestürzt sein. Krämpfe und Wehen werden sie packen, sie werden sich winden wie eine Gebärende. Einer starrt den andern an, ihre Gesichter glühen wie Flammen.« (Jesaja 13,6-8)

Man beachte: In jüdischer Zeitrechnung beginnt ein Tag bei Sonnenuntergang und führt von der Dunkelheit ins Licht. Es ist hilfreich, sich den Tag des HERRN innerhalb dieser Begriffe zu denken; denn er ist nicht nur eine Zeit des Gerichts. Er ist auch eine Zeit der Wiederherstellung. Und während der Tag des HERRN mit Sicherheit eine Zeit der Bedrängnis darstellt, enthält er doch die Verheißung einer Hoffnung am Ende der Zeit. Es liegt Wahrheit in dem Sprichwort: »Die Dunkelheit ist vor der Morgendämmerung am größten.« Das Gericht der Trübsal kommt, um das strahlende Licht des Tages Gottes hervorzubringen.

Warum überhaupt Schwierigkeiten?

Man fragt sich vielleicht, wie denn ein gnädiger Gott etwas so Tragisches wie diese Bedrängniszeit auf der Erde zulassen kann. Warum ist das notwendig? Kann Gott die Dinge denn nicht ohne all dieses Gerichtshandeln zurechtrücken? Wenn wir uns diese Frage stellen, sollten wir eine Lektion lernen – vom früheren englischen Premierminister Neville Chamberlain und seinen Verhandlungen mit Adolf Hitler. Chamberlain hatte nicht die geringste Vorstellung davon, mit welcher Bosheit er es in diesem Größenwahnsinnigen aus Österreich zu tun hatte. Also versuchte er, die Angelegenheiten mit so wenig Konfrontation wie irgend möglich über die Bühne zu bringen. »Friede in unserer Zeit«, das war Chamberlains Ziel. Und somit sorgte er im Versuch, alles friedlich zu regeln, nur für eines: Er bot Hitler damit Schutz, das Böse konnte wachsen und ganz Europa verschlingen. Es kommt eine Zeit, wo Gericht notwendig wird – wo die gewaltsame Entfernung des Bösen die einzig richtige Option ist.

Denken Sie einmal darüber nach: Sie sind sicherlich nicht wenig moralisch erzürnt, wann immer Sie von Mord, Vergewaltigung, Unterschlagung, Kindesmissbrauch und Terrorismus hören – stellen Sie sich doch einmal vor, wie groß Gottes Zorn sein muss! Tag für Tag, Jahr für Jahr dauern diese Übel an. Aber es kommt der Tag, an dem Gott sagen wird: »Es reicht!« Wenn Gott die Ungerechtigkeiten und das Leiden dieser Welt beenden soll (und das hat er versprochen), dann muss das in einem grausigen Gericht enden. Dieses Gericht wird als »große Trübsal« bezeichnet. Es wird im neutestamentlichen Buch der Offenbarung beschrieben.

Gott hat bisher ziemlich große Geduld mit seiner Schöpfung bewiesen. Aber es kommt der Tag, an dem sich sein gerechter Zorn über alle begangenen Bosheiten auf die Erde ergießen wird. Die Bibel spricht von drei Gerichtsreihen während der Bedrängniszeit; sie verwendet die Bilder von Siegeln, Posaunen und Schalen. Die Siegel beinhalten schreckliche Kriege, Hungersnot, Erdbeben und etwas, was folgendermaßen beschrieben wird: »Die Sterne des Himmels fallen auf die Erde, wie ein Feigenbaum seine Feigen abwirft« (vielleicht bezieht sich das auf Asteroiden; Offenbarung 6,13).

Die Posaunengerichte beinhalten einen apokalyptischen Sturm, der so geschildert wird: »Hagel und Feuer, mit Blut vermischt, der dritte Teil der Bäume verbrannte, und alles grüne Gras verbrannte« (Offenbarung 8,7). Vielleicht ein atomarer Holocaust? Weiterhin wird etwas »wie ein großer feuerflammender Berg ins Meer geworfen« (8,8), wodurch ein Drittel aller Lebewesen in den Ozeanen umkommt. Ein weiteres himmlisches Objekt, das als »Stern« bezeichnet wird, stürzt auf die Erde und vergiftet ein Drittel des weltweiten Trinkwassers. Auch eine Verdunkelung der Sonne und der Luft wird vorausgesagt.

Die Schalengerichte enthalten eine Art Hautkrankheit, von der die Mehrheit der Weltbevölkerung befallen wird. Es folgt eine weitere Wasservergiftung, wodurch diesmal alles Leben im Wasser umkommt. Einige dieser Ereignisse werden an die Plagen erinnern, die Gott über Ägypten ausgegossen hat: eine mit Händen zu greifende Dunkelheit, Wasser verwandelt sich in Blut. Kein Wunder, dass diese Zeit der Weltgeschichte als Bedrängniszeit bezeichnet wird!

Prüfen Sie selbst nach!

Wir wissen nicht genau, wann diese große Bedrängnis anfangen wird. Aber wir wissen, wie lange sie dauert: sieben Jahre.

> »Wisse deshalb und verstehe: Vom Ergehen des Befehls, Jerusalem wieder herzustellen und zu bauen, bis zu dem Fürsten Messias sind es sieben Wochen und zweiundsechzig Wochen; die Straße und die Mauer sollen wieder gebaut sein, selbst in Bedrängnis der Zeiten. Und nach den zweiundsechzig Wochen wird der Messias abgeschnitten werden, doch nicht für sich selbst; und das Volk des Fürsten, der kommen soll, wird die Stadt und das Heiligtum zerstören. Dessen Ende ist in einer Flut, und bis zum Ende des Krieges sind Verwüstungen beschlossen. Dann wird er für eine Woche einen Bund mit vielen schließen; doch in der Mitte der Woche wird er Brandopfer und Dankopfer beenden. Und auf dem Flügel der Abscheu wird einer sein, der verwüstet, bis die Vernichtung, die beschlossen ist, auf den Verwüster ausgegossen wird.« (Daniel 9,25-27; Übers. nach *New King James Version*)

Dieser Abschnitt aus dem Buch Daniel liefert uns eine äußerst wichtige Information über die Länge und die Ereignisse der Bedrängniszeit. Aber es ist nicht ganz einfach, Daniels Ausdrucksweise zu verstehen. Erstens: Die Zahl Sieben ist in jüdischer Rechnung wichtig. Sieben ist die Zahl der Vollkommenheit, und Vollkommenheit ist mit Vollendung verbunden. Die Zahl Sieben wird zur Messung von Zeiträumen benutzt. Der siebte Tag ist der Schabbat – der Ruhetag. Das siebte Jahr war in Israel das Sabbatjahr – in diesem Jahr ruhte das ganze Land, es wurde weder gesät noch geerntet. Wenn Daniel in diesem Abschnitt von »Wochen« (wörtl.: »Einheiten von Sieben«) spricht, meint er nicht wörtlich Wochen, sondern Zeiträume; jeder Zeitraum dauert sieben Jahre.

In dieser erstaunlichen Prophetie liefert Daniel uns wichtige Einzelheiten über zwei Hauptereignisse der Geschichte. Eines liegt in der Vergangenheit, das andere steht noch bevor. Daniels »Uhr« beginnt zu ticken, als der »Befehl ergeht, Jerusalem wieder herzustellen und zu bauen«. Diesen Erlass gab der persische König Artaxerxes ca. 444 v. Chr. heraus. Daniel trägt uns auf, von diesem Zeitpunkt in der Geschichte an »sieben Siebener und 62 Siebener« zu addieren. Ein wenig schnelles Rechnen sagt uns: Das entspricht 69 Siebenereinheiten oder 483 Jahren. Wenn wir vom Jahr 444 um 483 Jahre weitergehen, sehen wir: Die Erfüllung dieser erstaunlichen Weissagung Daniels musste ins erste Jahrhundert fallen. »Der Gesalbte (soll) abgeschnitten werden ... das Volk des Fürsten, der kommen soll, wird die Stadt und das Heiligtum zerstören.«

Der Ausdruck »Gesalbter« ist die Übersetzung des hebräischen Wortes *Maschiach* oder Messias. Mit der Vorhersage, der Gesalbte solle »abgeschnitten« werden, sagt Daniel nicht weniger als den Tod des Messias voraus ... und zwar im dritten Jahrzehnt des ersten Jahrhunderts! Genau in diesem Zeitrahmen starb Jeschua an einem römischen Kreuz. Es ist überraschend, wie viele Menschen eine Prophetie mit derartig erstaunlichen Andeutungen übersehen. Gelegentlich wird das damit erklärt, dass die Rabbiner uns verboten haben, die Zeit für das Kommen des Messias zu errechnen (Sanhedrin 98*b*).

Daniel sagt direkt nach dieser überraschenden Ankündigung ebenfalls voraus, dass sowohl Jerusalem als auch das Heiligtum dort zerstört werden sollten. Diese schreckliche Tragödie trug sich 70 n. Chr. zu – nicht lange, nachdem Jesus »abgeschnitten« wurde!

Die Vorhersage im neunten Kapitel des Propheten Daniel ist noch nicht vollständig erfüllt. Es fehlt noch etwas – ein »Siebener« aus den Siebzig muss noch stattfinden. Aber hier scheint ein Bruch in Daniels Zählung vorzuliegen – er deutet einen zeitlichen Zwischenraum an, der zwischen den 69 und der letzten Sieben liegen muss. »Dessen Ende ist in einer Flut, und bis zum Ende des Krieges sind Verwüstungen beschlossen.« Die vergangenen 2.000 Jahre waren eine Ausklammerung aus Daniels Prophetie, und wir erwarten die letzte Sieben: »Er wird einen Bund schließen mit vielen für eine Sieben, aber in der Mitte dieser Sieben wird er

Brandopfer und Dankopfer beenden; und einer, der Verwüstung verursacht, wird Gräuel auf einen Flügel des Tempels stellen, bis das beschlossene Ende über ihn ausgegossen wird« (Übers. nach *New International Version*).

Jemand wird für eine Sieben – d. h. für sieben Jahre – mit »vielen« einen Bund schließen. Es ist wichtig, die Identität der an diesem Vertrag Beteiligten zu kennen. Der Kontext und das Thema dieser Prophetie lassen klar erkennen, dass »die Vielen« das Volk Israel sind. Derjenige, der mit Israel den Vertrag schließt, ist »der Herrscher« – eben der, dessen Volk Stadt und Heiligtum zerstört hat. Titus und die Römer waren für die erste Zerstörung verantwortlich; sie waren Todfeinde des jüdischen Volkes. So wird es auch mit diesem zukünftigen Herrscher sein. Sein »Vertrag« ist ein Vertrag des Verrats. »... er wird Opfer und Brandopfer beenden; und einer, der Verwüstung verursacht, wird Gräuel auf einen Flügel des Tempels stellen...«

Dreieinhalb Jahre nach diesem Vertrag mit Israel (d. h. in der Mitte der Siebenjahresperiode) bricht dieser Herrscher sein Wort. Offenbar ist der Tempel wieder aufgebaut worden, denn Daniel sagt uns, dass dieser Herrscher die Opfer beendet und mitten im Jerusalemer Tempel einen Gräuel aufstellt (einen widerlichen Schrecken, der jüdischer Anbetung total widerspricht). Am Schluss wird dieser Herrscher in einer Feuersbrunst unglaublichen Ausmaßes vernichtet.

Wer genau ist dieser »Herrscher«, der einen Vertrag mit Israel schließt? Warum wird der Tempel in Jerusalem wieder aufgebaut, und wie wird diese letztendliche Feuersbrunst aussehen? Eine ausführlichere Beschreibung folgt in späteren Kapiteln. In der Zwischenzeit sollte niemand daran zweifeln, dass eine Zeit des brennenden Gerichts und Zorns vor uns liegt. Das ist der Tag des HERRN, die große Trübsal.

Wo gibt es Hoffnung?

Ein weiterer in der Schrift verwendeter Ausdruck für die große Trübsal ist »die Zeit der Bedrängnis für Jakob«. »Wehe! Denn groß ist jener Tag, keiner ist wie er, und es ist eine Zeit der Bedrängnis für Jakob; doch wird er aus ihr gerettet werden« (Jeremia 30,7).

Jeremia sagt, dass es eine Zeit unglaublicher Not für Jakob geben wird (was sich auf seine Nachkommen bezieht, da Jakob schon lange nicht mehr lebt). Beachten Sie, wie es weitergeht:

»Doch er wird aus ihr gerettet werden«. Später folgt eine Verheißung: »Denn ich bin mit dir, spricht der HERR, um dich zu retten. Denn ich werde ein Ende machen mit allen Nationen, unter die ich dich zerstreut habe. Nur mit dir werde ich kein Ende machen, sondern dich mit rechtem Maß züchtigen und dich keineswegs ungestraft lassen« (Jeremia 30,11).

Das ist Teil der Hoffnung: dass Israel durch all das Leiden hindurch bestehen bleibt. Gott wird sein Volk zurechtweisen und züchtigen; als Ergebnis wird die Beziehung wieder hergestellt, die Gott immer mit Israel haben wollte. Es gibt eine Hoffnung auf Heilung und Ganzheit jenseits des Gerichtes Gottes; tatsächlich ist das sein schlussendliches Ziel des Richtens. Ein weiteres Ziel Gottes mit dieser großen Not ist, die Nationen zu züchtigen; er wird ihre Bosheit strafen und seinen Zorn über das Böse ausgießen. Aber wiederum wird er durch die Trübsal auch die Nationen zu sich kehren. »Furchtbar wird der HERR gegen sie sein, denn er wird alle Götter der Erde hinschwinden lassen; und alle Inseln der Nationen werden sich vor ihm niederwerfen, jeder von seinem Ort aus« (Zefanja 2,11).

Die Zeit furchtbarer Nöte, die dieser Welt bevorsteht, ist Gottes Gericht über all das Böse, das die Menschen getan haben. Traurigerweise ist vieles davon auch die logische Folge der Anhäufung unserer eigenen Fehlentscheidungen. Die Bibel weist darauf hin, dass als Ergebnis der menschlichen Auflehnung gegen Gott die Menschen für seine Stimme geistlich taub werden. Weiterhin bringt sie auch die Neigung hervor, zu hören, was man hören möchte – ob es nun wahr ist oder nicht. »Die Propheten weissagen falsch, und die Priester herrschen auf eigene Faust, und mein Volk liebt es so« (Jeremia 5,31).

Aber was wird am Ende geschehen? Darum geht es bei der Trübsalszeit. Gott sagt: »Hier habt ihr's. Ist es das, was ihr wollt? Einfach drauflos handeln, ohne dass Gott euch sagt, was richtig und falsch ist? Gut, das könnt ihr haben. So lebt es sich, ohne dass Gott dem Bösen Einhalt gebietet. Ich halte es nicht mehr zurück. Ich biete euch das Endergebnis dessen an, worum ihr gebettelt habt«. So ist also diese kommende Trübsal sowohl ein Gericht über globale Bosheit als auch eine Konsequenz unserer Entscheidungen.

Aber das alles hat noch eine andere Seite. C. S. Lewis sagt: »Leiden ist Gottes Megaphon, um eine schlafende Welt aufzuwecken«. Manchmal sind Härten und Konsequenzen unserer Handlungen nötig, um uns aufzuwecken und zu zwingen, uns der Realität zu stellen. Als ich 1995 in New York City lebte, hatte ich ein Erlebnis, das das sehr anschaulich illustriert. New York ist die Wegkreuzung der Zivilisation, die Nabe des Welthandels, die weltweite Hauptstadt der Kommunikation. Die Stadt ist ein Denkmal menschlicher Leistungen, ein Zeichen dafür, was wir alles schaffen können. Und dennoch: Als wir einen alle Rekorde brechenden Schneesturm erlebten, brach die ganze Stadt zusammen. Niemand konnte in diese Weltstadt hinein, niemand konnte heraus. Leitungen froren ein, Menschen litten, einige starben. Unglaublich, dass dieses schwerelose, flaumige Zeug aus den Wolken die Pläne einiger der reichsten Männer der Welt durchkreuzen konnte! Keine unserer Erfindungen und Vorrichtungen konnte den Tonnen dieses luftigen Materials Herr werden, das den Motor New York Citys abrupt abbremste.

Wenn schon ein Schneesturm genügt, um die Menschen mitten in ihrem Alltagstrott innehalten zu lassen – stellen Sie sich einmal vor, was die große Trübsal anrichten wird. Daran wird nichts leicht und flaumig sein! Gott wird einen kosmischen Realitätssinn über die Welt bringen, durch den die Menschen von der Erkenntnis erschüttert werden, dass wir nicht die Herren des Universums sind. Das ist nur Gott. Und das ist der Schlüssel, um den einzigen Weg zur Hoffnung zu finden.

Solange sich Menschen an die Illusion klammern, wir könnten über unser Schicksal selbst bestimmen, bleiben wir in der Dunkelheit. Unsere Illusionen bereiten uns vielleicht Vergnügen und befriedigen uns vorübergehend. Aber nur die Wahrheit kann uns wirklichen und dauerhaften Sinn geben. Die Wahrheit ist: Gott herrscht. Die Wahrheit ist: Es liegt ihm an Ihnen, und er wünscht sich, dass Sie die Beziehung annehmen, die er allen anbietet, die ihm vertrauen.

Der Tag des HERRN beginnt mit einem schrecklichen Abstieg in die dunkelste Zeit der Menschheitsgeschichte. Aber sein letztendliches Ziel ist die helle Zukunft. Ein altes russisches Sprichwort lautet: »Der Morgen ist klüger als der Abend.« Ein Bibelvers drückt es noch besser aus: » ... am Morgen ist Jubel da« (Psalm 30,6*b*). Im Tageslicht besehen, schauen die Dinge anders und – jawohl – besser aus.

3 Das große Verschwinden

Was ist die Entrückung?

»Rufe mich an am Tag der Not; ich will dich erretten,
und du wirst mich verherrlichen.« (Psalm 50,15)

Gibt es denn Hoffnung auf Bewahrung vor der großen Trübsal und den grausigen Gerichtshandlungen, die im vorigen Kapitel beschrieben sind? Sollen wir einfach verzweifeln und eine »Esst, trinkt und seid fröhlich, denn morgen sind wir tot«-Haltung einnehmen? Gibt es eine Hoffnung für die Zukunft? Durchaus. Gott hat ein ums andere Mal demonstriert: Immer, wenn er Gericht hält, bietet er auch einen Ausweg an – eine lebenswerte Alternative zu den Schrecken. Das ist Gottes Wesensart – Gerechtigkeit, gemildert durch große Gnade. Allerdings gibt es eine unumgängliche Bedingung, wenn man vor dem Gericht Gottes bewahrt bleiben will. Wenn wir nur zwei äußerst dramatische Beispiele für Gottes Gerichtshandeln in der Vergangenheit betrachten, erkennen wir, welche Bedingung das ist.

Gottes Bewahrung in der Vergangenheit

Das erste Beispiel: Noah und die Arche. Die Bibel beschreibt die Tage Noahs als eine Zeit, in der sich das Menschengeschlecht mit großer Geschwindigkeit auf der Erde ausbreitete. Aber gleichzeitig versuchte niemand, dem Bösen Einhalt zu gebieten, das die Menschen einander antaten. Gewalt und Bosheit florierten so sehr und hatten die Erde dermaßen durchdrungen, dass Gott es nicht länger tolerieren konnte.

»Und der HERR sprach: Ich will den Menschen, den ich geschaffen habe, von der Fläche des Erdbodens auslöschen, vom Menschen bis zum Vieh, bis zu den kriechenden Tieren und bis zu den Vögeln des Himmels; denn es reut mich, dass ich sie gemacht habe.« (1. Mose 6,7)

Es ist furchterregend, dass Gottes Gericht so schnell, so vollständig und vielleicht (von unserem Standpunkt aus) so erbarmungslos sein kann. Dennoch hatte Gott jedes Recht, mit heiligem Abscheu erfüllt zu sein über das abstoßende Verderben, das die Entscheidungen der Menschheit in ihrer Bosheit über jene Welt brachten, die er liebevoll erschaffen hatte. Es war Gottes Recht, reinen Tisch zu machen, das Krebsgeschwür, das sich auf seiner Erde vermehrte, zu eliminieren und ganz neu zu beginnen. Aber Gottes Gericht war nicht dazu bestimmt, alle und jeden zu treffen.

Es treten auf den Plan: Noah und seine Familie. Die Bibel berichtet, dass Noah mit Gott wandelte. Er hatte eine Beziehung zum HERRN, die sich nicht nur auf seinen Glauben auswirkte; sie prägte die Art, wie er sein Leben lebte. Aufgrund dieser Beziehung verpflichtete sich Gott, Noah und seine Familie vor der weltweiten Zerstörung, die kommen musste, zu bewahren. Sie kennen die Geschichte – Gott befahl Noah, ein Schiff zu bauen, das groß genug sein musste, um seiner Familie, den Tieren und allen benötigten Vorräten Raum zu bieten.

Dieses Bauprojekt muss Noahs Nachbarn recht seltsam vorgekommen sein. Vielleicht spotteten sie und machten ihn lächerlich, weil er auf dem Trockenen ein Schiff baute. Aber aller Spott und alle Sticheleien waren mit Sicherheit zu Ende, als der Regen fiel und die Fluten stiegen. Gottes Gericht überflutete die Erde im wahrsten Sinne des Wortes. Aber Gott bewahrte Noah und seine Familie vor diesem Gericht. Als die Wasser des Zornes Gottes auf die Erde stürzten, wurden die Arche und alle Lebewesen darin über die Flutwasser gehoben und somit gerettet.

Ein zweites Bild für Gottes Gericht und Bewahrung ist die Geschichte von Sodom und Gomorra. 14 von 66 biblischen Büchern benutzen diese Städte als Bild für Gericht. Gott teilt Abraham seine Gerichtspläne mit – ein hochinteressantes Vorspiel zu dem eigentlichen Ereignis (siehe 1. Mose 18). Abrahams Neffe Lot lebt in dem Gebiet, das Gott auslöschen will. Wie ihm als guten Onkel zukommt, beginnt Abraham deshalb, mit Gott zu debattieren: Er verhandelt über die Zukunft seines Neffen. Schließlich verspricht Gott Abraham: Wenn es in diesen Städten eine *Minjan* gibt – nur zehn Gerechte –, dann wolle Gott um ihretwillen sein Gericht zurückhalten.

Aber selbst so ergaben Lot und Familie keine *Minjan*, und niemand sonst qualifizierte sich als gerecht. Ja, sämtliche Bewohner der Stadt waren gar bereit, zwei Botschafter zu vergewaltigen, die scheinbar gewöhnliche Männer waren und in Lots Haus Schutz suchten. Diese Botschafter waren indessen in Wirklichkeit Engel, die Gott gesandt hatte, um Lot und seiner Familie zu helfen, der Vernichtung zu entkommen. Sie packten Lot und seine Familie bei der Hand und trugen sie im wörtlichen Sinne fort – sie hoben sie hoch und setzten sie außerhalb der Stadt nieder. Lots Familie war durch Gottes Gnade aus diesem Ort entfernt worden. Es gab nur eine Bedingung, die sie beachten musste: Als Gott Feuer und Schwefel vom Himmel fallen ließ, um die beiden Städte zu vernichten, sollten die dem Gericht Entkommenen sich nicht umdrehen. Eine Person in der Familie gehorchte dieser Bedingung nicht: Lots Frau. Ihr Schicksal ereilte sie im selben Augenblick, als sie zurückschaute. Sie erstarrte zur Salzsäule.

Gottes zukünftige Bewahrung

Die Bilder von Gottes Gericht in der Vergangenheit vermitteln uns die nötige Einsicht, um zu wissen, was es in der Zukunft zu erwarten gilt. Wenn Gott das Endgericht der Trübsal über die Erde bringt, wird er für eine Fluchtmöglichkeit sorgen, wie er es auch in der Vergangenheit getan hat. Aber für wen und unter welchen Bedingungen gilt dieser Fluchtweg?

Man muss kein Held der hebräischen Bibel wie Noah oder Abraham sein, um Gottes Zorn zu entkommen. Wenn Gott sich selbst treu bleibt, wird er alle, die eine Beziehung zu ihm haben, von dem Zorn aussondern, den er über die Welt ausgießen wird.

Was die Bedingung anbelangt, gilt schlicht Folgendes: Gott rettet uns gemäß seinen Plänen; sie sind spezifisch und so ausgelegt, dass klar wird, ob wir ihm vertrauen und glauben. Gott trug Noah nicht auf, einen hohen Turm zu bauen. Gott teilte Noah nicht mit, wie er sein Haus wasserfest machen könnte. Gott befahl Noah, eine Arche zu bauen. Und er gab ihm alle notwendigen Anweisungen dazu. Für Lot und seine Familie war der Plan viel einfacher. Wenn sie erst einmal die Stadt verlassen hatten, mussten sie nur eines tun – weitergehen und nicht zurückschauen. Wir glauben, dass Jeschua – Jesus – Gottes Plan für alle diejenigen ist, die ihm Vertrauen schenken, um dem Gericht zu entkommen.

Jeschua verwendet die gleichen Gerichtsbeispiele aus der Vergangenheit, wenn er von den Ereignissen rund um seine Wiederkunft und das Ende der Welt spricht.

»Und wie es in den Tagen Noahs geschah, so wird es auch sein in den Tagen des Sohnes des Menschen ... an dem Tag aber, da Lot von Sodom hinausging, regnete es Feuer und Schwefel vom Himmel und brachte alle um. Ebenso wird es an dem Tag sein, da der Sohn des Menschen geoffenbart wird.« (Lukas 17,26.29-30)

Wir müssen Gott glauben, wenn er sagt, dass Gericht kommt. Und wir müssen ihm glauben, dass er uns eine Fluchtmöglichkeit anbietet.

Was die Errettung vom Gericht anbetrifft, das über diese Erde kommen wird: Die Bibel enthält nicht allzu viele Mitteilungen darüber. Die Information, die wir besitzen, führt zu der Annahme, dass die Rettung in Form eines Ereignisses eintritt, von dem Sie vielleicht schon gehört haben: Es wird »Entrückung« genannt. Das zugrunde liegende griechische Wort bedeutet soviel wie »(in der Höhe) aufgefangen werden«. Das Wort beinhaltet die Vorstellung, überraschend ergriffen oder fortgetragen zu werden. Es geschieht in einem sehr kurzen Moment und kommt über die Menschen, wenn sie nicht darauf vorbereitet sind. Als im Neuen Testament Rabbi Schaul – besser bekannt als Apostel Paulus – erklärt, was die Zukunft für Gläubige an Jesus bringt, verwendet er genau dieses Wort, um Gottes Errettung zu beschreiben.

»Danach werden wir, die Lebenden, die übrig bleiben, zugleich mit ihnen entrückt werden in Wolken dem Herrn entgegen in die Luft; und so werden wir allezeit beim Herrn sein« (1. Thessalonicher 4,17).

Die Entrückung der Nachfolger Gottes wird keinem Ereignis gleich sein, das die Welt je gesehen hat. Und sie wird alle, die zurückbleiben, vollkommen überraschen. Ganz plötzlich – in einem Augenblick der Errettung – schnappt Gott seine Nachfolger von der Erde weg. Sie begegnen dem Messias »in der Luft«. Durch Gottes Gnade werden seine Nachfolger von der Erde weggenommen, um dem kommenden Gericht zu entgehen. Stellen Sie sich vor, wenn Tausende und Abertausende Menschen ganz plötzlich genau gleichzeitig verschwinden und nirgends mehr zu finden sind! Das ist das größte »Verschwinden« aller Zeiten. Wir wissen nicht genau, wann sich das Ereignis zutragen wird; aber ich glaube, dass dieses große Verschwinden noch rechtzeitig geschieht, um Jesu Nachfolger vor der großen Trübsal zu bewahren.

Wie können wir wissen, ob Gott uns erretten wird?

Gott ist beständig. So war es in der gesamten Vergangenheit. Er hat noch nie Gericht angekündigt, ohne für einen Ausweg zu sorgen. Zweitens legt schon das Wesen der Bedrängniszeit die Abwesenheit der Nachfolger Jesu nahe. Wie bereits im zweiten Kapitel erwähnt, wird die Trübsal auch als »Zeit der Bedrängnis für Jakob« bezeichnet. Die Ereignisse in jenen sieben Jahren – vor allem den letzten dreieinhalb – konzentrieren sich hauptsächlich auf das Volk Israel. Heute gibt es Nachfolger Jesu in allen Völkern weltweit, auch im jüdischen Volk. Das Neue Testament bezeichnet diese Gesamtgruppe der Nachfolger Jesu als »die Heiligen« oder »die Gemeinde«. Im neutestamentlichen Buch der Offenbarung werden die Ereignisse der Trübsal bis ins Detail beschrieben. Während die Offenbarung in den ersten drei Kapiteln viel über die Gemeinde zu sagen hat, gibt es in den Abschnitten über die große Trübsal keine Notiz darüber, dass »Heilige« auf der Erde seien. Das einzige Bild, das wir für diese Zeit von den »Heiligen« sehen, zeigt sie im Himmel (Offenbarung 7,9).

Drittens hat Jesus seine Nachfolger gewarnt, immer wachsam und stets auf die kommende Errettung durch ihn vorbereitet zu sein, weil niemand wissen kann, wann sie geschehen wird.

> »Auch ihr, seid bereit! Denn der Sohn des Menschen kommt in der Stunde, da ihr es nicht meint.« (Lukas 12,40)

Wie wir bereits im zweiten Kapitel gesehen haben, hat der Prophet Daniel die Dauer der Bedrängniszeit zeitlich eng begrenzt. Sein Bericht sagt, wie der König Messias kommen wird, um Israel am Schluss der großen Trübsal zu retten (mehr darüber in den weiteren Kapiteln). Folgende Annahme scheint vernünftig: Wenn sich die Ereignisse der Trübsal erst einmal entfalten, werden die Nachfolger des Messias genau wissen, was sie wann zu erwarten haben. Da aber »die Heiligen« überrascht werden sollen, ist es plausibel, wenn dies *vor* der großen Trübsal geschieht.

Und schließlich hat Gott ausdrücklich versprochen, all jene, die heute schon mit ihm leben, zu bewahren – genau wie er Noah und Lot bewahrt und errettet hat. Die Bibel garantiert und verspricht all denen, die auf den Messias vertrauen, dass sie vor dem Zorn gerettet werden. Und es ist nichts anderes als Zorn, den Gott in der großen Trübsal über die Erde ausgießen wird. Wenn Sie zum Glauben an Jeschua (Jesus) kommen, sagt die Bibel, dass Sie diesen Zorn nicht mehr ertragen müssen.

»Denn Gott hat uns nicht zum Zorn bestimmt, sondern zum Erlangen des Heils durch unseren Herrn Jesus Christus.« (1. Thessalonicher 5,9)

Jesus, der Messias, führte ein vollkommenes Leben und starb als Opfer für unsere Sünde. Der Plan Gottes verlangt von uns, dass wir auf Jesus als unseren Fluchtweg aus dem Gericht vertrauen und dass wir ihm nachfolgen. Wenn wir das tun, haben wir einen Platz bei ihm in der Ewigkeit. Egal, was noch kommen mag.

Es gibt eine Hoffnung für die Zukunft. Wir können eine Kursänderung vornehmen und den drohenden dunklen Wolken vor uns entgehen. Vielleicht kommt Ihnen die Vorstellung der Entrückung seltsam und unglaubwürdig vor. Vielleicht halten Sie die Idee eher für den Plot eines Science-Fiction-Films oder für die Szene aus einem Comic. Vielleicht empfinden Sie die Entrückung auch als ganz und gar übertrieben. Zweifellos sah die Arche, die Noah baute, ziemlich seltsam aus für alle, die sie da auf dem Trockenen stehen sahen. Aber als der Regen herabschüttete und die Fluten zu steigen begannen, machte so eine Arche plötzlich doch sehr viel Sinn.

Noah hatte den Glauben, Gott zu vertrauen und zu gehorchen. Wir brauchen eben diese Art von Glauben. Jeschua, der Messias, ist Gottes Arche, um uns vor der kommenden Flut des Gerichtes Gottes zu bewahren.

4 Das Zentrum des Universums

Welche Rolle spielt Israel in der Endzeit?

»Und es wird geschehen an jenem Tag, da mache ich Jerusalem zu einem Stemmstein für alle Völker: alle, die ihn hochstemmen wollen, werden sich wund reißen. Und alle Nationen der Erde werden sich gegen es versammeln.« (Sacharja 12,3)

Wenn der Name »Israel« genannt wird, denken die meisten Menschen an ein Land. Aber Israel ist mehr als nur ein Land. Israel ist auch ein Volk – das jüdische Volk. Die Bibel bezeichnet Israel als auserwähltes Volk und auch als auserwähltes Land. Da stellt sich natürlich die Frage: »Auserwählt für was?« Angesichts von Leiden und Verfolgung haben viele Juden nachempfinden können, was Tevje – der beliebte Milchmann aus dem Musical *Anatevka* – so formuliert hat: »Herr, könntest du zur Abwechslung nicht mal jemand anders auserwählen?« Die Verfolgungsgeschichte – vor allem die vernichtende Tragödie des Holocaust – lässt nur schwer erkennen, was es unserem Volk überhaupt Gutes gebracht hat, »das auserwählte Volk« zu sein.

Genauso schwer fällt es, sich Jerusalem als Zentrum des Universums vorzustellen. Aus moderner Sicht scheinen viele Städte eine bessere Wahl zu sein: New York, London, Washington oder Peking, Moskau oder Paris. Aber Jerusalem? Dennoch: Diesem kleinen Fleckchen Erde wird mehr Aufmerksamkeit zuteil, und es erregt mehr Streitigkeiten als jeder andere Ort auf unserem Planeten. Die Bibel lässt durchblicken, dass das bis zum endgültigen Ende der Welt so weitergehen wird. Gott konzentrierte seinen Plan und seine Absichten für diesen Planeten in ein winziges Volk hinein und weitete seinen Plan dann so aus, dass es alle sehen können: im Land und im Volk Israel. Wenn er diesen großen Plan zur Vollendung bringt, werden Land und Volk Israel in den Weltgeschehnissen eine noch zentralere Rolle spielen als jetzt.

Gottes Verheißungen an Israel

Gottes Handeln mit Israel basiert seit jeher auf einem Bund. Ein Bund ist ein Vertrag, eine bindende und permanente Vereinbarung. Israels »Auserwähltheit« gründet sich auf solch einen Bund: den abrahamitischen Bund (so genannt, weil Gott diesen Vertrag mit Abraham geschlossen hat).

> »Und der HERR sprach zu Abram: Geh aus deinem Land und aus deiner Verwandtschaft und aus dem Haus deines Vaters in das Land, das ich dir zeigen werde! Und ich will dich zu einer großen Nation machen, und ich will dich segnen, und ich will deinen Namen groß machen, und du sollst ein Segen sein! Und ich will segnen, die dich segnen, und wer dir flucht, den werde ich verfluchen; und in dir sollen gesegnet werden alle Geschlechter der Erde.« (1. Mose 12,1-3)

Wenn wir die Menschheitsgeschichte im Überblick betrachten, wird klar, dass Gott zu seinem Teil der Vereinbarung steht; sie beinhaltet ein dreifaches Versprechen. Die drei Aspekte dieser Verheißung sind persönlich, national und universal.

Erstens: Gott versprach Abraham etwas Persönliches: seinen Namen groß zu machen – und das ist er bis heute. Drei Großreligionen der Welt (Judentum, Christentum und Islam) ehren und achten den Namen Abrahams.

Zweitens: Gott versprach, ein großes Volk aus Abraham zu machen; und das hat er getan. Trotz aller Mordpläne von Haman, Herodes, Hitler und Hussein im Laufe der Geschichte überlebt und gedeiht das jüdische Volk.

Drittens: Gott versprach, dass alle Völker der Erde durch Abraham gesegnet werden sollten. Auch das ist wahrlich der Fall. Es war das jüdische Volk, das dem Rest der Welt die Kenntnis des einen wahren Gottes vermittelte (Monotheismus). Die Bibel – sowohl das Alte als auch das Neue Testament – bildet die Grundlage für Ethik und Rechtswesen der abendländischen Kultur. Alle Schreiber dieser Bücher (mit der möglichen Ausnahme eines neutestamentlichen Autors) waren Juden. Viele, viele Menschen in der Welt würden bestätigen, dass auch ihr Retter – der Messias Jesus – dem jüdischen Volk entstammt. Noch viel mehr kann gesagt werden (und ist schon gesagt worden) über den Segen, den die Nachkommen Abrahams der Welt bringen.

Der gleiche Gott, der dieses dreifache Versprechen gegeben und gehalten hat, schenkte Abraham und seinen jüdischen Nachkommen auch das Land, das wir heute Israel nennen (siehe 1. Mose 13,14-17).

Für das Überleben und die Sicherheit des jüdischen Volkes in diesem Land setzte Gott seinen eigenen Ruf aufs Spiel. Die Verheißung schützte allerdings das Volk Israel nicht vor seinem eigenen Versagen. Ja, Gott versprach auch: Wenn sie ihm nicht gehorchten und seinen Geboten nicht folgten, würden sie viele Jahre lang aus dem Land ausgeschlossen werden. Er warnte, dass nur wenige Israeliten unter den Nationen überleben würden, unter die er sie zerstreuen werde (siehe 5. Mose 4,25-27).

Diaspora: das Exil des jüdischen Volkes außerhalb des Landes. Das Wort klingt so kühl, so distanziert. Aber für die jüdischen Menschen war es nah und persönlich. Wie die Propheten vorhergesagt hatten, wurde das jüdische Volk aus dem Land vertrieben und zerstreute sich unter die Nationen der Welt. Gott steht zu seinem Wort; er hält weder die Segnungen noch die Gerichte zurück, die er verspricht. Dennoch bleiben die positiven Aspekte der Verheißung Gottes über das Land und das Volk Israel als bedingungsloser Bund für alle Zeiten bestehen. Und Gottes Versprechen, sein Volk ins Land Israel zurückzubringen, blieb selbst in den dunkelsten Tagen der Diaspora eine helle Hoffnung.

> »Darum siehe, Tage kommen, spricht der HERR, da wird man nicht mehr sagen: So wahr der HERR lebt, der die Söhne Israel aus dem Land Ägypten heraufgeführt hat! – sondern: So wahr der HERR lebt, der die Söhne Israel aus dem Land des Nordens heraufgeführt hat und aus all den Ländern, wohin er sie vertrieben hatte! Und ich werde sie in ihr Land zurückbringen, das ich ihren Vätern gegeben habe.«
> (Jeremia 16,14-15)

Diese Prophetie geht heute in Erfüllung! Jüdische Menschen strömen weiterhin aus den Ländern des Nordens ins Land Israel zurück – aus Russland und der Ukraine. Sie kehren zurück aus Äthiopien und Südafrika, den Vereinigten Staaten und Kanada, aus allen Ländern der Welt, in die sie zerstreut worden waren. Niemals zuvor in der Weltgeschichte ist so etwas geschehen. Welches andere Volk ist besiegt und in alle Winde zerstreut worden – und hat sich wieder gesammelt, hat wieder Selbstsicherheit gewonnen und regiert wieder im Land, aus dem seine Menschen vertrieben wurden? Eben dies ist dem jüdischen Volk widerfahren; und nur, weil Gott einen Vertrag mit Abraham geschlossen und geschworen hatte, seine Verheißungen für alle Zeit zu halten.

Alle Ereignisse in Bezug auf Israel und das jüdische Volk scheinen die Bühne für das vorzubereiten, was die Bibel als »Endzeit« beschreibt. Alle Versprechen Gottes an Abraham sind Wirklichkeit geworden. Daher können wir absolut sicher sein: Was Gott über die Hoffnung für die Zukunft der Nachkommen Abrahams gesagt hat, wird sich ebenfalls erfüllen.

Probleme sind garantiert

Traurigerweise sagt die Bibel für Israel keine leichte Zukunft voraus. Die meisten Rückkehrer unserer Generation kamen nicht als glaubenserfüllte Nachfahren Abrahams. Sie kamen im Unglauben. Gott versammelt sein auserwähltes Volk – nicht zur Herrlichkeit, sondern zum Gericht. Ja, die Bibel sagt für das letzte Ende eine strahlende Hoffnung für Israel voraus. Aber erst kommt die Gerichtszeit, die im zweiten Kapitel als große Trübsal beschrieben ist.

Diese Bedrängniszeit, so vernichtend sie auch sein wird, bedeutet nicht die Auslöschung des jüdischen Volkes: »Wehe! Denn groß ist jener Tag, keiner ist wie er, und es ist eine Zeit der Bedrängnis für Jakob; *doch wird er aus ihr gerettet werden*« (Jeremia 30,7; Hervorhebung vom Autor).

Die gute Nachricht ist – wie vom Propheten angekündigt –, dass Israel letzten Endes gerettet wird. Die schlechte Nachricht ist, dass der Preis enorm hoch ist und durch große Konflikte führt. Land und Volk Israel werden zum Brennpunkt, zur Zentralbühne weltweiter Aufmerksamkeit – und genau hier wird sich Gottes Eingreifen in die Weltgeschichte zutragen. Die Kinder Israel werden in diesem Weltuntergangsszenario Schlüsselrollen spielen. Sie werden einmarschierenden Heeren ausgesetzt sein, die unter dem Befehl des erklärten Feindes Israels stehen: des Antichrist (mehr über ihn im nächsten Kapitel). Die Schlachten, die im Land wüten werden, werden ungestüm und tödlich sein, da alle Nationen der Welt gegen Jerusalem heraufziehen werden. Obwohl die Nationen schließlich den Krieg verlieren, wird die Zahl der Opfer dieser Schlachten vernichtend größer sein als die Opferzahl des Holocaust:

»Und es wird geschehen an jenem Tag, da mache ich Jerusalem zu einem Stemmstein für alle Völker: alle, die ihn hochstemmen wollen, werden sich wund reißen. Und alle Nationen der Erde werden sich gegen es versammeln ... Und es wird im ganzen Land geschehen, spricht der HERR, zwei Teile davon werden ausgerottet, verscheiden, und nur der dritte Teil davon bleibt übrig. Und ich bringe den dritten Teil ins Feuer, läutere sie, wie man das Silber läutert, und prüfe sie, wie man das Gold prüft. Der wird meinen Namen anrufen, und ich werde ihm antworten, ich werde sagen: Er ist mein Volk. Und er wird sagen: Der HERR ist mein Gott.« (Sacharja 12,3; 13,8-9)

Sacharja sagt für diesen Endkonflikt eine niederschmetternde Zahl an Toten voraus. Aber zum Schluss werden die Überlebenden zu Gott zurückkehren. Wenn das geschieht, wird es eine geistliche Erneuerung des Volkes Israel geben, wie die Welt sie noch nie gesehen hat. Die jüdischen Menschen werden dann zu Gottes Abgesandten und verkünden aller Welt die Botschaft der Hoffnung und des Glaubens an den kommenden Messias.

Wie bereits im ersten Kapitel angedeutet: Obwohl viele Tausende jüdischer Menschen im ersten Jahrhundert Jesus aufnahmen, war das in Israel eine Minderheitsmeinung. Und so ist es bis heute. Allerdings wird sich das bald ändern.

Jüdische Prediger

Gottes Bund mit Abraham versprach, dass alle Welt durch Abrahams Nachkommen reich gesegnet werden sollte. Welch eine Ironie, dass die Mehrheit des jüdischen Volkes den größten Segen gar nicht angenommen hat, den es anderen gebracht hat: den Messias Jesus. Aber die Zeit wird kommen, in der Israel nicht nur Jeschua annehmen wird; die Israeliten werden dann für ihren Messias zu den größten Evangelisten, die die Welt je gesehen hat. Das muss man sich einmal vorstellen: Gott benutzte eine Minderheit jüdischer Menschen, die an Jesus glaubten, um die Welt des ersten Jahrhunderts mit einer erstaunlichen Botschaft von Hoffnung und Leben auf den Kopf zu stellen. Kann es sein, dass Gott in den letzten Tagen wiederum jüdische Menschen mit dieser Hoffnung und Leben vermittelnden Botschaft in Jesus bevollmächtigen wird? Ich glaube schon.

Die Bibel berichtet von zwei Gruppen jüdischer Menschen, die diese Botschaft von Gericht und Rettung in Jeschua weitertragen werden. Die erste Gruppe ist ein Duo – zwei Einzelpersonen, die als »die zwei Zeugen« bezeichnet werden. (Darüber können Sie im fünften Kapitel mehr lesen.)

Die zweite Gruppe jüdischer Menschen ist der Schlüssel zu einer weltweiten endzeitlichen geistlichen Erweckung. Diese Gruppe ist bekannt als »die 144.000«.

Die Bibel berichtet, dass zu Beginn der siebenjährigen Bedrängniszeit die Mehrheit des jüdischen Volkes vom Antichrist betrogen wird – einer Führungsfigur mit großer Ausstrahlungskraft, die in aller Welt Vertrauen erweckt und Zuneigung findet. Er wird einen Vertrag mit Israel schließen – einen Vertrag, den er zu brechen beabsichtigt. Aber es gibt eine bedeutende Minderheit jüdischer Menschen, die vom Antichrist nicht betrogen werden. Diese Gruppe sind die 144.000. Die apokalyptischen Abschnitte, die sie beschreiben, stecken voller Symbole; aber wir wissen konkret, dass es Juden sind, die an Jesus, das Lamm Gottes, glauben und ihm nachfolgen:

> »Und ich hörte die Zahl der Versiegelten: 144.000 Versiegelte, aus jedem Stamm der Söhne Israels … Und ich sah: und siehe, das Lamm stand auf dem Berg Zion und mit ihm 144.000, die seinen Namen und den Namen seines Vaters an ihren Stirnen geschrieben trugen … diese sind es, die dem Lamm folgen, wohin es auch geht. Diese sind aus den Menschen als Erstlingsfrucht für Gott und das Lamm erkauft worden.«
> (Offenbarung 7,4; 14,1.4b)

Die jüdischen Menschen in diesem Abschnitt stehen für alle Stämme Israels. Das Bild, dass sie den Namen des Vaters und »des Lammes« auf ihren Stirnen geschrieben haben, bezieht sich auf die Tatsache, dass sie versiegelt sind – d. h. sie sind von Gott während der Trübsalszeit als »Erstlingsfrüchte« ausgesondert worden. Der Begriff »Erstlingsfrüchte« wird in der gesamten Bibel benutzt, um den ersten Teil der Ernte zu bezeichnen, der Gott in besonderer Weise geweiht ist. Mit anderen Worten: Die 144.000 repräsentieren den Anfang von Gottes Werk der geistlichen »Ernte« im gesamten Volk Israel – eine Ernte, durch die Gott die Herzen seines Volkes sammeln wird.

Während die Mehrheit der Welt vom Antichrist betrogen wird, wird sich diese ausgewählte Gruppe jüdischer Menschen gegen ihn stellen. Sie werden mutig die Botschaft des Lammes verkünden – die Botschaft von Jesus, dem Messias. Wenn es für den Antichrist an der Zeit ist, Israel zu verraten, werden sich die Nationen der Welt versammeln, um es anzugreifen. Dann wird die Situation als das erkannt werden, was sie tatsächlich ist. Die 144.000 und ihre Botschaft der Hoffnung werden sich vor ganz Israel und aller Welt als wahr erweisen. Juden und Nichtjuden werden gleichermaßen auf Gottes Hoffnungsbotschaft in dieser dunklen Zeit antworten können; aber für das Volk Israel wird es von besonderer Bedeutung sein.

Bis zu dieser Zeit macht Israel das durch, was Paulus in seiner Botschaft an nichtjüdische Christen in Römer 11,25 »teilweise Verstockung (oder Blindheit)« nennt:

> »Denn ich will nicht, Brüder, dass euch dieses Geheimnis unbekannt sei, damit ihr nicht euch selbst für klug haltet: Verstockung ist Israel zum Teil widerfahren, bis die Vollzahl der Nationen hineingekommen sein wird.«

Mit anderen Worten: Mehrere jüdische Menschen (jedoch eine Minderheit) haben als Einzelne auf die gute Botschaft vom Messias geantwortet. Aber aus nationaler Perspektive konnte Israel Jesus nicht als den sehen, der er ist. Diejenigen unter uns, die jüdische Gläubige an Jesus sind, erwarten, zu dieser Minderheit zu gehören. Das wird sich schließlich ändern, wenn die zwei Zeugen in Erscheinung treten – erst recht, wenn die 144.000 kommen. Der Verrat und Betrug durch den Antichrist und die gegen Israel ausschwärmenden Armeen der Nationen werden Israel darauf vorbereiten, als Volk auf die Botschaft der Hoffnung in Jeschua zu reagieren.

Und dann werden aller Götzendienst, aller Unglaube, alle Blindheit und Herzenshärte zu einem Ende kommen. Wirkliche Rettung – körperlich und geistlich – wird ganz Israel widerfahren. Die Wolken werden aufgerollt wie eine Schriftrolle, und der Messias selbst wird vom Himmel nach Jerusalem herabkommen. Und diesmal wird *kol Israel*, das ganze Volk Israel, ihn erkennen – wie es der Prophet Sacharja in der hebräischen Heiligen Schrift vorausgesagt hat:

> »Aber über das Haus David und über die Bewohnerschaft von Jerusalem gieße ich den Geist der Gnade und des Flehens aus, und sie werden auf

mich blicken, den sie durchbohrt haben, und werden über ihn wehklagen, wie man über den einzigen Sohn wehklagt, und werden bitter über ihn weinen, wie man bitter über den Erstgeborenen weint ... An jenem Tag wird für das Haus David und die Bewohner von Jerusalem eine Quelle geöffnet sein gegen Sünde und gegen Befleckung.«
(Sacharja 12,10; 13,1)

In diesem größten aller Augenblicke der Endzeit wird Gott das jüdische Volk von seinen Feinden erretten und ewigen Frieden und Gerechtigkeit auf die Erde bringen.

In gewissem Sinne ist das für Israel und die Welt ein völlig neuer Anfang. Volk und Land Israel werden weiterhin eine zentrale Rolle zu spielen haben (siehe Kapitel 10). Aber das Zentrum des Universums werden nicht mehr Volk und Land Israel sein. Zentrum des Universums ist dann der Messias Israels, der kommt, um auf der Erde zu leben und über sie zu herrschen.

Die letzten öffentlichen Worte, die Jesus, der Messias, vor seinem Tod zum jüdischen Volk in Jerusalem sprach, lauteten: »Ihr werdet mich nicht mehr sehen, bis ihr sprecht: *Baruch haba baschem adonai*« (»Gelobt sei, der da kommt im Namen des Herrn«). Am Ende wird das Volk Israel genau diese Worte sprechen, um den König Messias bei seiner Wiederkehr willkommen zu heißen. Aber die Bibel sagt voraus, dass es viel Leiden und Tod geben wird, bevor das geschieht. Sie brauchen nicht bis zu dieser Zeit zu warten, um den Messias Jesus willkommen zu heißen. Er ist bereit, noch heute in Ihrem Leben zu regieren.

Juden und Nichtjuden, die den Ansprüchen Jesu glauben und ihn als den Gelobten aufnehmen, der im Namen des Herrn kommt, erfahren jetzt schon die Freude, den Frieden und die Vergebung, die er eines Tages weltweit bringen wird.

5 Unser Todfeind

Wer ist der Antichrist?

»Und seine Macht wird stark sein, jedoch nicht durch seine eigene Macht; und er wird entsetzliches Verderben anrichten und wird erfolgreich sein und handeln. Und er wird die Starken und das Volk der Heiligen vernichten.« (Daniel 8,24)

Von allen Vorhersagen Daniels hat diese vielleicht die meisten Spekulationen hervorgerufen. Ein Weltführer soll in die Szene platzen – mit großer Macht und Autorität. Er wird äußerst populär sein. Er wird als weiser Mensch und Mann des Friedens weltweite Anerkennung und Bewunderung finden. Er wird seine Beliebtheit ausnutzen, um viele Menschen zu betrügen. Und wenn man seinen Verrat bemerkt, ist es zu spät. Er wird die Welt ins Chaos stürzen: der Antichrist.

Es gibt Menschen, die verbringen ein Gutteil ihrer Zeit mit dem Versuch, herauszufinden, wer dieser Antichrist sein wird. Dann tun sie alles, um andere davon zu überzeugen, was sie bezüglich des Antichrist herausgefunden zu haben meinen! Dabei meine ich nicht, dass der im Jahr 2008 verstorbene Pastor Jerry Falwell zu diesen Menschen gehörte. Und er wollte bestimmt keine Schlagzeilen machen, als er nebenbei äußerte: »... und natürlich wird er (der Antichrist) jüdisch sein ...« Nun, die Presse nahm dieses Zitat auf – und von allen Seiten wurde er wütend des Antisemitismus angeklagt. Die meisten jüdischen Leiter hatten kaum eine Vorstellung davon, wer oder was der Antichrist ist. Aber so viel wussten sie: Es bringt nichts Gutes, wenn die Menschen denken, er sei jüdisch! Ich stimme Falwells Meinung über die Herkunft des Antichrist übrigens nicht zu. Die Bibel erwähnt zwar nicht genau, wer sein Volk ist. Aber wir Juden haben bereits seinen Typus gesehen; und es erscheint höchst unwahrscheinlich, dass dieser Vernichter der Juden selbst ein Jude ist (siehe Anhang 3).

Antichrist und Chanukka

Um diesen verräterischen Charakter und alles, wofür er steht, zu begreifen, müssen wir uns mit der Geschichte von Chanukka befassen.

Es war ungefähr im Jahr 165 v. Chr. Das jüdische Volk genoss relativen Frieden und Ruhe im Land Israel, das unter zwei Generäle Alexanders des Großen aufgeteilt worden war – Ptolemäus und Seleukos. Die Geschichte von Chanukka beginnt mit einem der Seleukidenherrscher von Syrien. Er hieß Antiochus. Ein Großteil dieser Geschichte ist in den apokryphen Büchern der Makkabäer verzeichnet.

Bald wurde offensichtlich, dass Antiochus auf Zwangshellenisierung aus war – er wollte allen die griechische Kultur und Religion aufzwingen. Das bedeutete, dass der Glaube an den Gott Israels und die Anbetung Gottes ausgelöscht werden sollten. Darum untersagte Antiochus den Gottesdienst am Sabbat. Er verbot den Ritus der Beschneidung und das Darbringen von Tempelopfern. Weiterhin ordnete er die Vernichtung jüdischer Schriften an. Er befahl den Juden, verbotene (unreine) Speisen zu essen; er errichtete mehrere Altäre und befahl den Juden unter Androhung der Todesstrafe, dort unkoschere Opfer darzubringen.

Und als wäre das noch nicht genug, weihte Antiochus einen Altar im Tempel dem Zeus. Dann entheiligte er den heiligen Altar, indem er ein Schwein darauf opferte. Schließlich erklärte er, als er im Tempel stand, er sei »Epiphanes«, d. h. »sichtbar gewordener Gott«. Er hielt sich für die Inkarnation des Zeus auf Erden und verlangte sogar, dass Menschen ihn anstelle des allmächtigen Gottes anbeten sollten. Chanukka erinnert daran, wie das jüdische Volk Antiochus und seine falschen Ansprüche ablehnte und Jerusalem sowie den Tempel zurückeroberte.

Die Geschichte von Chanukka dient als Vorläufer – oder, um einen theologischen Begriff zu verwenden, als »Typus« – für den Endzeitherrscher, der als Antichrist bekannt ist. Der Begriff »Antichrist« wird in der Bibel selten benutzt und bezieht sich nicht immer auf diese bestimmte Figur aus der Endzeit. Der Begriff weist auf einen hin, der sich gegen den Christus (das heißt den Messias) stellt. An anderen Stellen finden wir ihn unter den Namen »der Fürst«, »ein König«, »der Gesetzlose« oder »das Tier«.

Der Prophet Daniel schaute in die Zukunft und sah Antiochus am Horizont der Zukunft Israels. Gott gewährt uns einen flüchtigen Blick auf diesen bösen König als ein Gewitter, das aber im Vergleich zum kommenden Hurrikan des Tieres eher ein laues Lüftchen ist. Hören Sie einmal, wie Daniel den düstersten aller Flüche beschreibt:

> »Und er wird Worte reden gegen den Höchsten und wird die Heiligen des Höchsten aufreiben; und er wird danach trachten, Festzeiten und Gesetz zu ändern, und sie werden in seine Hand gegeben werden für eine Zeit und zwei Zeiten und eine halbe Zeit ... [Und es] wird ein König aufstehen, mit hartem Gesicht und erfahren in Ränken. Und seine Macht wird stark sein, jedoch nicht durch seine eigene Macht; und er wird entsetzliches Verderben anrichten und wird erfolgreich sein und handeln. Und er wird die Starken und das Volk der Heiligen vernichten. Und wegen seines Verstandes wird er erfolgreich sein, mit Betrug in seiner Hand. Und er wird in seinem Herzen groß tun, und unversehens wird er viele vernichten. Und gegen den Fürsten der Fürsten wird er sich auflehnen, aber ohne eine Menschenhand wird er zerbrochen werden ... Und der König wird nach seinem Belieben handeln, und er wird sich erheben und sich groß machen gegen jeden Gott, und gegen den Gott der Götter wird er unerhörte Reden führen. Und er wird Erfolg haben, bis die Verfluchung vollendet ist, denn das Festbeschlossene wird vollzogen. Und selbst auf den Gott seiner Väter wird er nicht achten, und weder auf den Schatz der Frauen noch auf irgendeinen Gott wird er achten; sondern er wird sich über alles erheben.« (Daniel 7,25; 8,23-25; 11,36-37)

Diese Vision des jüdischen Propheten Daniel ist richtig Angst einflößend – die Fleischwerdung des Bösen auf der Erde. Glauben Sie, die Vorstellung eines Weltführers wie dieser Antichrist sei zu weit hergeholt, um in unserer Zeit jemals wahr zu werden? Dann denken Sie doch bitte einmal über Folgendes nach: Wir haben bereits äußerst mächtige und böse Herrscher aufstehen und die Welt ins Chaos stürzen sehen. Adolf Hitler, Josef Stalin und Pol Pot – das sind einige der schlimmsten Mörder und Vernichter aller Zeiten. Und sie alle lebten in der gleichen Generation! Jeder von ihnen wurde einst bewundert, ja von seinem Volk sogar angebetet. Jeder übte eine Anziehungskraft aus, die die Menschen fesselte. Jeder formulierte eine Ideologie, die Menschen mobilisierte, und jeder schuf eine Maschinerie, die eine ganze Kultur manipulieren konnte.

Der böse Frontkämpfer

Wie kann es sein, dass derartige Bosheit, solch äußerste Verderbtheit in der Welt überhaupt Fuß fassen kann? Die Bibel liefert uns eine einfache Erklärung. Diese Welt ist die Bühne für die Entfaltung eines gigantischen Kampfes von kosmischen Ausmaßen zwischen Licht und Finsternis, zwischen den Kräften des Guten und des Bösen, zwischen Gott und seinem Widersacher, auch Satan genannt. Dieser Widersacher, der Satan, ist kein erdichtetes Wesen wie ein Darth Vader aus *Star Wars*. Er ist sehr real, und er ist unser Todfeind. Er ist kein Kobold mit spitzen Ohren und Mistgabel in der Hand. Er ist ein mächtiges Geistwesen, geschaffen als wunderschöner Engel. Seine Rebellion gegen Gott vor Erschaffung des Menschengeschlechts hat sich durch unsere gesamte Geschichte fortgesetzt. Satans Zorn gegen Gott richtet sich gegen alle die Gott liebt: Menschen im Allgemeinen und Gottes Volk im Besonderen.

Satans Versuche, die Erde ins Chaos zu stürzen, finden wir in der ganzen Weltgeschichte – und traurigerweise konnte er viele Erfolge verbuchen. Seine Erfolge sind nicht nur eine Sache der Geschichte, sondern auch ein äußerst realer Teil der Zukunft. Die Weltgeschehnisse bewegen sich auf die letzte Herausforderung durch Satan zu. Der Antichrist wird das Hauptwerkzeug Satans sein – sein Frontkämpfer im letzten Höhepunkt der satanischen Rebellion gegen Gott. Er wird nicht Antichrist genannt werden. Er wird einen politisch korrekten Titel führen. Er wird als ein Mann des Friedens bekannt sein, als Militärgenie, als Philosoph. Er wird klug und beharrlich sein, ein großer Redner, hochintelligent, weit über dem Durchschnittsmenschen stehen. Er wird der Mann der Stunde sein. Und er wird Menschen betrügen, wird sie von Gott abkehren, hin zur Gottlosigkeit. Er ist der Kumpel Satans.

Was wird er tun?

Was wissen wir noch über ihn? Woran werden wir ihn erkennen? Der Prophet Daniel gibt uns die wichtigsten Indizien:

> »Er wird einen Bund schließen mit vielen für eine Sieben. In der Mitte der Sieben wird er Dankopfer und Schlachtopfer beenden, und auf einem Flügel des Tempels wird er einen Gräuel aufstellen, der Verwüstung bringt, bis das beschlossene Ende über ihn ausgegossen wird.«
> (Daniel 9,27; Übers. aus dem Engl.)

Seine Aktivitäten beginnen, sobald er einen Bund oder Vertrag mit Israel schließt. Dieses Ereignis markiert den Beginn der Trübsal – dieser Sieben-Jahres-Periode, auch bekannt als »Zeit der Bedrängnis für Jakob«. Diese Bedrängnis ist nicht sofort offensichtlich. Unzweifelhaft wird dieser Vertrag mit all der Hoffnung und allem Applaus begrüßt, der einem historischen Friedensvertrag zukommt. Es wird angedeutet, dass dieser Antichrist ein Weltherrscher ist, vielleicht sogar eine Koalition von Weltmächten repräsentiert. Was auch immer die Grundlage seiner Macht ist – er ist bevollmächtigt, einen Friedensvertrag mit Israel auszuhandeln.

Über die Jahre haben sich viele Führungsfiguren von Weltrang ehrlich bemüht, dem Nahen Osten Frieden zu bringen. Dieser Weltherrscher wird scheinbar das schaffen, worin andere versagt haben. Der Schein trügt jedoch. Seine Bemühungen sind nicht ehrlich, nicht aufrichtig. Nach dreieinhalb Jahren wird er den Vertrag brechen und seine Verachtung für das Volk Israel offen zeigen. Genau wie sein Vorgänger Antiochus den Tempel verunreinigte und entheiligte, wird es der Antichrist tun (mehr darüber im nächsten Kapitel).

Genau wie bei Hitler ist die Vernichtung des jüdischen Volkes nur ein Teil seines Planes. Sein letztendliches Ziel ist die Weltherrschaft. Das Buch der Offenbarung fügt dem von Daniel gezeichneten Porträt wichtige Einzelheiten hinzu:

> »Und ich sah aus dem Meer ein Tier aufsteigen ... Und der Drache gab ihm seine Kraft und seinen Thron und große Macht. Und ich sah einen seiner Köpfe wie zum Tod geschlachtet. Und seine Todeswunde wurde geheilt, und die ganze Erde staunte hinter dem Tier her. Und sie beteten den Drachen an, weil er dem Tier die Macht gab, und sie beteten das Tier an und sagten: Wer ist dem Tier gleich? Und wer kann mit ihm kämpfen?« (Offenbarung 13,1-4)

Wenn Daniel uns noch im Zweifel darüber lässt, ob jener Weltherrscher Satans Frontkämpfer ist, dann wird aller Zweifel durch diesen Abschnitt der Offenbarung ausgeräumt. Der Drache ist ein Bild für Satan, und er ist es, der das Tier bevollmächtigt. Ein außerordentliches Ereignis befähigt den Antichrist, Macht und eine weltweite Nachfolgerschaft zu gewinnen. Erst wird er tödlich verwundet, vielleicht bei einem Mordanschlag auf ihn. Aller

Wahrscheinlichkeit nach müsste das Tier tot sein. Aber stattdessen wird die Wunde wundersam geheilt. Und offenbar vollzieht sich dieses erstaunliche Ereignis so, dass alle Welt es sieht – vielleicht gar via Satellitenfernsehen oder Internet. Jedenfalls stärkt dieses übernatürliche Geschehen seine weltweite Machtbasis. »Und die ganze Erde staunte hinter dem Tier her (d. h. folgte ihm nach).«

Diese Wunderkraft, das Tier aus den Toten zurückzubringen, lenkt dann den Fokus auf die geistliche Wesensart dieses kosmischen Konflikts. Die Menschen fangen an, das Tier und den Drachen – die Quelle seiner Macht – anzubeten. Jetzt wird offensichtlich, warum das Tier als Antichrist bezeichnet wird. Seine sogenannte »Auferstehung« ist die Trumpfkarte des Widersachers, eine Demonstration unfassbarer Macht. Sie hat das Ziel, die Herzen der Menschen zu stehlen und ihrer Anbetung des einen wahren Gottes und seines auferweckten Messias Einhalt zu gebieten. Die Maske ist gefallen.

Vielleicht kommt Ihnen die gesamte Vorstellung von Auferstehung fremd vor. Ein christlicher Glaube, der nichts mit jüdischen Vorstellungen über Gott und den Messias zu tun hat ... Aber in diesem Fall trifft das nicht zu. 1994 trat mit dem Tod des Lubavitcher Rebbe Menachem Schneerson (der von vielen seiner Nachfolger als Messias begrüßt wurde) eine Welle von Erwartungen und Kontroversen ein. Würde er auferweckt werden oder nicht? Und der Lubavitcher Glaube an eine mögliche Auferstehung des Messias weicht auch durchaus nicht vom traditionellen Judentum ab. Jüdische Religionsgelehrte wie der israelische Theologe Pinchas Lapide behaupten, dass Auferstehung durchaus eine jüdische Idee ist. Rabbi Neil Gillman (der nicht an Jesus glaubt) ist ein weiteres Beispiel. Er bot den biblischen und rabbinischen Hintergrund auf, um zu zeigen, dass die Auferstehung im Judentum eine lebendige Vorstellung ist (1997: *The Death of Death: Resurrection and Immortality in Jewish Thought*).

Die scheinbare Auferstehung des Antichrist verleiht diesem daher unfassbare Glaubwürdigkeit, vielleicht sogar im Volk Israel. Schließlich glaubten auch viele jüdische Menschen im ersten Jahrhundert den messianischen Ansprüchen Jesu, als sie ihn nach seiner Kreuzigung lebendig sahen. Bemerkenswert sind hier die Parallelen und die Unterschiede zwischen den zwei Auferstehungen. Sowohl Jesus als auch der Antichrist zeigen deutlich, dass der Tod sie nicht halten kann. Im Fall Jesu sagt das Neue Testament, dass er sein Leben freiwillig als Sühne für Sünde niedergelegt hat. Dann hat Gott ihn aus den Toten zurückgeholt – als Bestätigung dafür, dass Jesus ein sündloses Leben geführt hatte und dass sein Opfer für die Menschheit vor Gott annehmbar war. (Mehr über die biblische Bedeutung von Opfern im sechsten Kapitel.) Der Tod konnte Jeschua nicht halten, und seine Auferstehung zeigte, dass alle, die auf sein Sühnopfer vertrauen, ebenfalls von der Todesstrafe ausgenommen sind. Das Ergebnis des Todes und der Auferstehung Jeschuas ist Versöhnung mit Gott.

Der Antichrist dagegen hat seine Verachtung für Gott und sein Volk bereits deutlich gezeigt, als er tödlich verwundet wird. Er ist nicht der Auserwählte Gottes, sondern der Auserwählte Satans. Und obwohl Satan – ein machtvolles Geistwesen – eine wundersame Heilung zustande bringen kann, um seinen Frontkämpfer von den Toten zurückzuholen, hat er weder die Macht noch den Wunsch, Menschen mit Gott zu versöhnen. Ja, die Auferstehung des Antichrist hat das entgegengesetzte Ziel und erreicht auch die erwünschte Wirkung.

Der Antichrist und sein Mitverschwörer

Die Offenbarung beschreibt den Antichrist als das Tier. Doch danach wird noch ein weiteres Tier beschrieben. Dieses ist das dritte Glied dessen, was als »unheilige Dreieinigkeit« erscheint:

> »Und ich sah ein anderes Tier aus der Erde aufsteigen ... Und es tut große Zeichen, dass es selbst Feuer vom Himmel vor den Menschen auf die Erde herabkommen lässt; und es bringt alle dahin, die Kleinen und die Großen, und die Reichen und die Armen, und die Freien und die Sklaven, dass man ihnen ein Malzeichen an ihre rechte Hand oder an ihre Stirn gibt; und dass niemand kaufen oder verkaufen kann, als nur der, welcher das Malzeichen hat, den Namen des Tieres oder die Zahl seines Namens. Denn es ist eines Menschen Zahl; und seine Zahl ist 666.«
> (Offenbarung 13,11.13.16-18)

Das Tier, auch »der falsche Prophet« genannt, wirkt als Hilfe und Unterstützung für den Antichrist. Auch er führt übernatürliche Mächte vor. Aber sein Hauptanliegen scheint die Ausdehnung der Weltherrschaft des Antichrist zu sein, und zwar durch Manipulation der Wirtschaft. Er tut das durch eine weltweite Registrierung; alle Menschen müssen sich ein Zeichen entweder an ihre rechte Hand oder auf ihre Stirn prägen lassen, damit sie in der Welt, egal an welchem Ort, überhaupt Geschäfte abwickeln können. Das wird zum Kontrollmittel über alle Völker der Welt; die Bibel lässt erkennen, dass es unmöglich sein wird, ohne dieses Zeichen einzukaufen oder zu verkaufen.

Was genau ist dieses Zeichen? Darüber ist schon viel spekuliert worden. Es könnte eine Art mit dem Scanner zu lesendes Infrarotzeichen sein – wahrscheinlicher als eine sichtbare Markierung. Einige fragen sich, ob es mit Kreditkarten oder einer Art digitaler Identifikation zu tun hat. Aber die Bibel scheint anzudeuten, dass es mehr einem Ausweis als einer Kreditkarte gleicht. Kreditkarten geben jedem Menschen eine andere Nummer, keine zwei Nummern sind identisch. Das Zeichen des Tieres drückt jedem die gleiche Zahl auf – *seine* Zahl. Es ist die Zahl des Namens des Tieres, 666.

Wieder haben viele Menschen über diese Zahl spekuliert. Aber sie ist eigentlich recht unkompliziert. Das Tier hat einen Namen, und dieser Name hat eine dazugehörige Zahl. In jüdischer Tradition gibt es eine als »Gematrie« bekannte Praxis: Zu jedem hebräischen Buchstaben gehört ein bestimmter Zahlenwert. Worte und Namen können durch Zahlen wiedergegeben werden – basierend auf den Zahlen, die den zur Schreibung des Namens verwendeten Buchstaben entsprechen. »Jesus« ist beispielsweise die verdeutschte Aussprache von »Jeschua«. Die addierte Zahl der hebräischen Buchstaben für Jeschua wäre 749. Wenn man dem Symbolcharakter beimessen wollte: Sieben ist die vollkommene Zahl, die Zahl der Vollendung. 49 ist Sieben mal Sieben – oder Vollkommenheit mal Vollkommenheit. Der Name des Antichrist wird der Zahl 666 entsprechen. Wollte man eine symbolistische Deutung anwenden, so wäre das »drei Mal unvollkommen«. Bei alledem wissen wir trotzdem nicht, wie der Name des Tieres lauten könnte.

Der Midrasch – ein jüdischer Kommentar aus dem Mittelalter – nennt das Tier »Armillus«. Es gibt tatsächlich zwischen zehn und fünfzehn Abschnitte in nachbiblischer Literatur, die über das in Daniel beschriebene Tier spekulieren. Es wird dargestellt mit einem kleinen und einem großen Auge. Es soll angeblich auf einem Ohr taub sein und seine Arme sollen bis unterhalb seiner Knie reichen. Nichts davon klingt besonders einladend. Aber dieses Tier ist keine Witzfigur, vor allem nicht für die, die sich weigern, sein Malzeichen zu empfangen. Viele, die sich ihm dahingehend widersetzen, werden umgebracht.

Die loyale Opposition

Zwei der prominentesten Märtyrer werden die im vierten Kapitel erwähnten zwei Zeugen sein. Ihr Tod wird ebenfalls in der Offenbarung beschrieben:

> »Und ich werde meinen zwei Zeugen Vollmacht geben, und sie werden 1260 Tage weissagen, mit Sacktuch bekleidet ... Diese haben die Macht, den Himmel zu verschließen, damit während der Tage ihrer Weissagung kein Regen falle ... Und wenn sie ihr Zeugnis vollendet haben werden, wird das Tier, das aus dem Abgrund heraufsteigt, Krieg mit ihnen führen und wird sie überwinden und sie töten ... Und viele aus den Völkern und Stämmen und Sprachen und Nationen sehen ihren Leichnam drei Tage und einen halben und erlauben nicht, ihre Leichname ins Grab zu legen. Und die auf der Erde wohnen, freuen sich über sie und frohlocken und werden einander Geschenke senden, denn diese zwei Propheten quälten die auf der Erde Wohnenden. Und nach den drei Tagen und einem halben kam der Geist des Lebens aus Gott in sie, und sie stellten sich auf ihre Füße; und große Furcht befiel die, welche sie schauten. Und sie hörten eine laute Stimme aus dem Himmel zu ihnen sagen: Steigt hier herauf! Und sie stiegen in den Himmel hinauf in der Wolke, und es schauten sie ihre Feinde.« (Offenbarung 11,3.6a.7.9-12)

Das sind vollmächtige Zeugen, die die Person und die Botschaft des Antichrist herausfordern. Der Abschnitt sagt nicht ausdrücklich, dass sie Juden sind, aber es ist anzunehmen. Sie erscheinen wie alttestamentliche Propheten in Sacktuch und prophezeien in Jerusalem. Die Wunder, die sie vollbringen, erinnern an große jüdische Propheten der alten Zeit, wie Mose und Elia. Ein Teil der Sprache ist vielleicht bildhaft, um die von den Zeugen ausgeübte Macht zu beschreiben. Aber es scheint dennoch so, als ob sie in der ersten Hälfte der Bedrängniszeit auftreten – den ersten dreieinhalb Jahren. (Beachten Sie die Erwähnung von 1260 Tagen!) Das Gericht, das in den letzten dreieinhalb Jahren der Trübsal über die Erde kommt, wird schlimmer sein. Das Gericht, das Gott dann ausgießen wird, wird die Möglichkeit berücksichtigen, die die Welt hatte, auf den mächtigen Dienst dieser Zeugen zu antworten – und dass die Antwort die Ablehnung der Zeugen war.

Viele Menschen spekulieren über die Identität dieser zwei Zeugen. Maleachi 3,23 spricht davon, dass Elia vor dem »großen und furchtbaren Tag des HERRN« kommen wird. Einige halten diesen Vers für eine Andeutung, dass einer dieser Männer Elia sein wird. Die Bibel sagt uns nicht, wer die Zeugen sind – nur, dass Gott sie für einen speziellen und vollmächtigen Dienst für ihn auf besondere Weise gesalbt hat. Weil sie sich dem Antichrist widersetzen und offenbar in ihren Prophezeiungen gegen ihn sprechen, bringt das Tier sie um und lässt ihre Leichen liegen – als warnendes Beispiel für alle, die seine Autorität herausfordern wollen. Alle, die dem Tier nachfolgen und deren Herzen von Gott abgewandt sind, freuen sich, dass ihre Prophetenrede endlich zu Ende ist. Aber die Zeugen haben sozusagen das letzte Wort, weil Gott sie ins Leben zurückholt – zur Furcht und zum Entsetzen der Zuschauer.

Der Mord an den zwei Zeugen steht stellvertretend dafür, wie der Antichrist Israel und alle anderen verfolgt, die seine Autorität ablehnen. Seine Verfolgung ist so blutrünstig, wie es das noch nie in der Weltgeschichte gegeben hat. Aber am Ende wird es dem Antichrist und dem falschen Propheten heimgezahlt:

> »Und dann wird der Gesetzlose geoffenbart werden, den der Herr Jesus beseitigen wird durch den Hauch seines Mundes und vernichten durch die Erscheinung seiner Ankunft.« (2. Thessalonicher 2,8)

> »Und es wurde ergriffen das Tier und der falsche Prophet... lebendig wurden die zwei in den Feuersee geworfen, der mit Schwefel brennt.« (Offenbarung 19,20)

Ungeachtet des Chaos, das dieser größte Konflikt aller Zeiten über die Menschheit bringen wird: Wir können heute schon wissen, wer am Ende den Sieg davonträgt. Ich beneide wahrhaftig niemanden, der diese schrecklichen sieben Jahre durchstehen muss. Aber ich kann garantieren, dass Gott den Überblick behält und dass alle, die ihm vertrauen, letztendlich bestehen werden. Er wird den Drachen und seine Frontkämpfer zermalmen. Der Anti-Messias wird gegen den wahren Messias verlieren, und die Welt wird schlussendlich befreit werden. Wenn Sie zugegen sind oder davon hören, dass ein Friedensvertrag mit Israel unterzeichnet worden ist und dass sich reichlich merkwürdige Dinge zutragen, dann wissen Sie, dass Sie anfangen können, die Tage zu zählen! Hoffentlich werden Sie sich auch entscheiden, auf der Seite des Siegers zu stehen.

6 Der Gräuel der Verwüstung

Was geschieht im Tempel?

»Wenn ihr nun den Gräuel der Verwüstung an heiliger Stätte stehen seht, dann sollen die in Judäa auf die Berge fliehen.« (Matthäus 24,15-16)

Der Text der Anzeige lautete: »Kinder für zukünftigen Tempeldienst gesucht. Ultra-orthodoxe jüdische Sekte sucht Eltern, die bereit sind, neugeborene Söhne abzugeben, damit sie in Isolation und Reinheit in Vorbereitung für den Wiederaufbau des biblischen Tempels in Jerusalem erzogen werden können. Es brauchen sich nur Mitglieder der jüdischen Priesterkaste Kohanim zu bewerben.«

Worte aus einer uralten Schriftrolle, die vor Kurzem bei einer archäologischen Ausgrabung gefunden wurde? Oder vielleicht ein Ausschnitt aus dem Drehbuch für einen Hollywood-Film über biblische Zeiten? Nein, diese Worte entstammen einer schlichten Anzeige der zeitgenössischen israelischen Zeitung *Haaretz* (einer Ausgabe vom März 1998). Was einige Bewohner der westlichen Welt vielleicht für uralte Konflikte und eine verstaubte Angelegenheit halten, ist für viele Menschen im Nahen Osten ein normales Tagesthema. Und kein Thema ist dort heftiger umstritten, keines mit so viel emotionalem Sprengstoff geladen wie der Wiederaufbau des Tempels in Jerusalem.

Wenn Sie oder einer Ihrer Bekannten bereits in Israel gewesen sind, haben Sie wahrscheinlich das berühmte Panorama gesehen: Jerusalem – vom Ostabhang des Ölbergs aus gesehen. Da leuchtet im Sonnenschein die goldene Kuppel des Felsendoms, und etwas südlich davon die schlichter aussehende El-Aksa-Moschee. Beide gelten als Heiligtümer des Islam, und sie stehen auf dem Tempelberg – dem Berg Morija, der einzigen wirklich heiligen Stätte der gesamten jüdischen Religion. Dort baute Salomo vor über 3.000 Jahren den ersten Tempel. Dort baute Esra vor 2.500

Jahren den zweiten Tempel wieder auf. Und dort hoffen, beten und arbeiten Tausende religiöser Juden für den Wiederaufbau dessen, was dann der dritte Tempel in Jerusalem sein wird (siehe Anhang 5).

Warum aber soll die Idee, den Tempel wieder aufzubauen, solche Leidenschaft auslösen? Warum entzündet sie solche Hoffnung, so viele Träume? Warum ist dieses Gebäude des Altertums unserem Volk heute noch so wichtig? Die Antwort liegt weit zurück, in der frühesten Epoche der jüdischen Geschichte: in den Tagen von Abraham und Isaak.

Abraham, Isaak und der Tempelberg

In 1. Mose 22 wird von der *Akedah* berichtet – der Fesselung Isaaks: jenem Ereignis, bei dem Abraham vom HERRN den Befehl erhielt, seinen Sohn Isaak auf einem Berg im Land Morija als Brandopfer darzubringen. Dem Befehl Gottes gehorsam, reiste Abraham mit Isaak zu diesem Berg. Als Isaak bemerkte, dass sie Holz und Feuer, aber kein Tier für ein Brandopfer hatten, antwortete sein Vater: »Gott wird sich ein Opfer ersehen.« Abraham baute dann einen Altar und band seinen Sohn mit Stricken darauf fest. Es wird berichtet, dass Abraham bereits sein Messer erhoben hatte, um seinen Sohn zu töten, als der Engel des HERRN ihm Einhalt gebot. Gott zeigte Abraham einen Widder, der sich mit den Hörnern im Dickicht verfangen hatte. Abraham opferte freudig diesen Widder anstelle seines Sohnes und nannte den Ort »Jahwe jireh« = »Der HERR wird ersehen«. Er verkündete: »Auf dem Berg des HERRN wird ersehen« (1. Mose 22,14).

Gott segnete Abraham für den gewaltigen Glauben, den er durch die Bereitschaft gezeigt hatte, seinen Sohn zu opfern: den Sohn der Verheißung, auf den Abraham und Sara so lange gewartet hatten. Gott reagierte auf Abrahams Glauben mit der Verheißung, seine Nachkommen so zahlreich werden zu lassen wie die Sterne des Himmels. Dieses Ereignis ist seit jeher ein Zentralthema der jüdischen wie der christlichen Theologie. Viele jüdische Menschen lesen aus diesem Text vor allem die Aussage heraus, dass Gott keine Menschenopfer haben wollte, wie sie die umliegenden heidnischen Nationen vollzogen.

Aber in diesem Abschnitt scheint es nicht um diese heidnischen Praktiken zu gehen. Sowohl Juden als auch Christen erkennen den Berg der *Akedah* als den Berg Gottes an – jenen Ort, wo es heißt: »Der HERR wird ersehen«.

Gottes Verheißung bezüglich des Tempels

Jahrhunderte später, als das jüdische Volk in der Wüste wanderte, sah Mose ein Heiligtum vor sich, in dem Gottes Gegenwart eines Tages wohnen sollte. Zu dieser Zeit besaß Israel die Stiftshütte, einen transportablen Ort der Anbetung für ein wanderndes Volk. Sie zeigte Gottes Entschlossenheit, bei seinem Volk zu wohnen, während dieses Volk noch heimatlos war. Aber wie Gott dem Volk Israel eine Heimat versprochen hatte, so sollte es auch einen Ort geben, an dem er beständig in ihrer Mitte wohnen wollte. Mose selbst betete um einen solchen Ort:

> »Du wirst sie bringen und pflanzen auf den Berg deines Erbteils, die Stätte, die du, o HERR, zu deiner Wohnung gemacht hast, das Heiligtum, Herr, das deine Hände bereitet haben.« (2. Mose 15,17)

Mose betrachtete den Berg des Erbteils – jenen Ort, an dem Abrahams Vertrauen in die Fürsorge Gottes geprüft und gesegnet worden war – als die ideale Stätte für das Heiligtum Gottes.

Die große Bedeutung der Stiftshütte und schließlich des Tempels lag in Gottes Verheißung an Israel über diese Orte:

> »Und dort werde ich dir begegnen und von der Deckplatte herab, zwischen den beiden Cherubim hervor, die auf der Lade des Zeugnisses sind, alles zu dir reden, was ich dir für die Söhne Israel auftragen werde ... ein regelmäßiges Brandopfer [soll es sein] für all eure Generationen am Eingang des Zeltes der Begegnung vor dem HERRN, wo ich euch begegnen werde, um dort zu dir zu reden. Und ich werde dort den Söhnen Israel begegnen, und es wird durch meine Herrlichkeit geheiligt werden.«
> (2. Mose 25,22; 29,42-43)

Diese Verheißungen waren die Grundpfeiler dessen, was im Tempel vollendet werden sollte. Erstens: Gott versprach seine Gegenwart. Zweitens: Gott versprach, zu ersehen. Gott würde mitten unter seinem Volk wohnen und zu seinem Volk sprechen. Er würde eine Sühnung für ihre Sünden ersehen, ihre Sünden vergeben und das Volk heiligen. Diese Sühnung war durch das Blut der auf dem Altar dargebrachten Opfertiere gesichert.

Der Symbolcharakter der Opfer

Solche Opfer kommen dem modernen Menschen vielleicht fremd, ja sogar barbarisch vor. Aber für Israel war das System reich an Symbolkraft und Bedeutung, weil Gott befohlen hatte: »Denn das Leben [oder die Seele] des Fleisches ist im Blut, und ich selbst habe es euch auf den Altar gegeben, Sühnung für eure Seelen zu erwirken. Denn das Blut ist es, das Sühnung tut durch das Leben [oder die Seele] in ihm« (3. Mose 17,11).

Diese Opfer waren eine Art, die Folge des Ungehorsams gegen Gott zuzugeben. Diese Folge war der Tod. Gott zeigt gegenüber der Sünde absolut keine Toleranz. Aber Gottes Gerechtigkeit und sein Gericht werden durch seine anderen Vollkommenheiten ausgeglichen: vor allem durch seine Gnade und sein Erbarmen. Die Opfer gaben ihm die Möglichkeit, seine Gnade und sein Erbarmen auszuweiten, indem er ein Stellvertreter-Opfer zuließ. Das Tier starb stellvertretend für den Sünder. Das war für denjenigen, der das Opfer darbrachte, durchaus kein geringer Preis. In einer Agrarwirtschaft waren diese Tiere teuer und wurden nicht leichtfertig als Opfer dargebracht.

Das ganze Ereignis war im Religionsleben Israels ein Drama ersten Ranges. Die von Gott für dieses Drama ausersehene Bühne waren die Stiftshütte und später der Tempel. Nur an diesen heiligen Stätten ließ Gott diese tiefste aller Erfahrungen zu. Die Stiftshütte und später der Tempel waren der Herzschlag Israels: das Zentrum der Begegnung Israels mit der Gegenwart Gottes und seiner Versöhnungskraft.

Gottes Gegenwart im Tempel

Es vergingen noch Jahrhunderte, bevor Moses Gebet um ein Heiligtum beantwortet wurde. König David wollte den Tempel an eben jener Stelle bauen, an der Abraham seinen Sohn Isaak geopfert hatte; er kaufte sogar das Grundstück auf dem Berg Morija in Jerusalem von einem Mann namens Arauna. Aber Gott hielt David davon ab, den Tempel zu bauen. Stattdessen berief er Salomo, den Sohn Davids, zum Erbauer des Tempels auf dem Berg Morija. Als die Zeit kam, den Tempel einzuweihen, erfüllte Gott die Weissagung des Mose bezüglich dieses Heiligtums. Gott kam, um dort zu wohnen.

»Und es geschah, als die Priester aus dem Heiligen hinausgingen, da erfüllte die Wolke das Haus des HERRN; und die Priester konnten wegen der Wolke nicht hinzutreten, um den Dienst zu verrichten; denn die Herrlichkeit des HERRN erfüllte das Haus des HERRN.« (1. Könige 8,10-11)

Was für ein mächtiger Augenblick im religiösen Leben des Volkes! Niemand konnte mehr daran zweifeln, dass der Tempel nun das Zentrum der Anbetung Israels und der Ankerpunkt seiner religiösen Empfindungen war.

Die Tragödie des Tempels

Dieser Tempel stand fast 400 Jahre lang. Aber das Problem war, dass die jüdischen Menschen begannen, ihr Vertrauen eher auf den Tempel selbst zu setzen als auf den, der im Tempel wohnte. Die Menschen schienen zu denken, sie hätten die Macht Gottes für sich nutzbar gemacht, indem sie ihn in die Umgrenzung eines Gebäudes einsperrten – obwohl sie nicht länger Gott anbeteten, sondern sich Götzen zugewandt hatten. Gott warnte sie, dass Gericht kommen würde. Und im Jahr 586 v. Chr. kam dieses Gericht in Form der babylonischen Eroberer. Der Tempel des HERRN in all seiner Pracht wurde zerstört.

Worte können den Schmerz dieser Erfahrung in Israels Geschichte gar nicht beschreiben. In gewissem Sinn wurden dem Volk die Eingeweide herausgerissen. Israels Bewusstsein seiner Berufung und seiner Daseinsberechtigung war in diesem Tempel verwurzelt: in dem Wissen, dass Gott in der Mitte seines Volkes wohnte. Ohne Tempel gab es für das Volk keine Zusicherung der Gegenwart Gottes, keine Sicherheit, dass er für Vergebung sorgen würde.

538 v. Chr. kehrten Serubbabel und viele Israeliten aus der babylonischen Gefangenschaft zurück, wie es König Kyrus von Persien befohlen hatte. Der Prophet Esra überwachte den Bau des zweiten Tempels, der 23 Jahre später vollendet wurde. Aber der zweite Tempel konnte es kaum mit dem ersten aufnehmen. Er war zwar ungefähr gleich groß, aber nicht halb so prachtvoll. Vor allem scheint es im Allerheiligsten keine Bundeslade mehr gegeben zu haben. Es gab nur Leere, nichts stand mehr auf dem berühmten Grundstein. Und auch die im ersten Tempel so offensichtliche Gegenwart Gottes schien abwesend zu sein.

Der römische Historiker Tacitus berichtet sogar: Als der römische General Pompeius Jerusalem besuchte, marschierte er direkt in den Tempel und ins Allerheiligste. Er kam heraus und sagte vollkommen verblüfft zu den Juden: »Es ist leer. Da drin ist nichts als nur Dunkelheit.« Und natürlich hatte er Recht. Später (ab 19 v. Chr.) versuchte Herodes, dem Tempel etwas von seiner früheren Schönheit zurückzugeben. Diese Arbeit dauerte 82 Jahre.

Jesus und der Tempel

Viele der Lehren und Taten Jesu geschahen im und um diesen Tempel herum. Ja, bezüglich des Tempels machte Jesus sogar einige seiner umstrittensten Bemerkungen: »Jesus antwortete und sprach zu ihnen: Brecht diesen Tempel ab, und in drei Tagen werde ich ihn aufrichten. Da sprachen die Juden: Sechsundvierzig Jahre ist an diesem Tempel gebaut worden, und du willst ihn in drei Tagen aufrichten? Er aber sprach von dem Tempel seines Leibes« (Johannes 2,19-21).

Indem Jesus sich selbst als den Tempel bezeichnete, beanspruchte er, den ureigensten Zweck dieses Tempels zu erfüllen. In einer kurzen, aber tiefsinnigen Äußerung nahm er für sich in Anspruch, selber die einst so sichtbare Gegenwart Gottes im Tempel zu verkörpern.

Jesus verglich sich nicht nur mit dem Tempel, sondern auch mit den Tempelopfern. Was Gott von Abraham nicht verlangte – nämlich die Tötung seines Sohnes als Opfer –, das tat Gott selbst, indem er seinen Sohn Jesus sandte, um an einem Kreuz zu sterben. Ein absonderlicher Anspruch? Das wäre es gewesen, hätte sich der zweite Teil von Jesu Vorhersage nicht bewahrheitet. Aber er ist tatsächlich wie versprochen nach drei Tagen von den Toten auferstanden. Das war der Beweis dafür, dass sein Opfer für Sünde vor Gott ein für alle Mal annehmbar war. Nachfolger Jesu glauben, dass dies von Anfang an Gottes Plan gewesen ist und dass die Tieropfer auf eine Zeit hinwiesen, wo ein Unschuldiger – Gottes eigener Sohn – freiwillig die Strafe für die Sünden des Volkes auf sich nehmen würde. Das konnte ein Tier niemals tun.

Aber Jesus sagte über den zweiten Tempel auch etwas sehr Düsteres voraus. Sollte sich diese Vorhersage bewahrheiten, würde dadurch bestätigt, was er schon immer über sein eigenes Leben und Werk gesagt hatte:

»Und Jesus trat hinaus und ging von dem Tempel weg; und seine Jünger traten zu ihm, um ihn auf die Gebäude des Tempels aufmerksam zu machen. Er aber antwortete und sprach zu ihnen: Seht ihr nicht dies alles? Wahrlich, ich sage euch: Hier wird nicht ein Stein auf dem anderen gelassen werden, der nicht abgebrochen werden wird.«
(Matthäus 24,1-2)

Jesus sagte ganz klar die Zerstörung des zweiten Tempels voraus. Titus und seine römischen Legionen erfüllten diese Vorhersage, als sie nach Jerusalem einmarschierten, die Stadt zerstörten und das Heiligtum vernichteten. Diese Nationaltragödie für Israel wies auf das zurück, was Jesus von Nazareth zuvor schon gesagt hatte. Tausende von Juden hatten ihr Vertrauen bereits auf Jeschua gesetzt. Bei der Zerstörung dieses zweiten Tempels im Jahre 70 n. Chr. taten noch einmal Tausende diesen Schritt. Dennoch traf die Mehrheit meines jüdischen Volkes eine solche Entscheidung nicht. Und so ist es bis heute geblieben.

Heute ist der Tempel im Alltag der Mehrheit der jüdischen Menschen kaum von Belang. Am 7. Juni 1967 marschierten israelische Truppen in die Altstadt ein und übernahmen die Kontrolle über den Tempelberg. Das war ein historisches Ereignis von unglaublichen Ausmaßen. Zum ersten Mal in ca. 2.000 Jahren hatten Juden eine Ausgangsposition, die es ihnen ermöglichte, den Tempel wieder aufzubauen. Trotzdem holte Mosche Dajan etwa zehn Tage später die israelische Flagge wieder ein und gab den Tempelberg an die Muslime zurück. Israels säkulare Militärführer hatten kein Interesse daran, den Tempel wieder aufzubauen. Für sie war er ein Relikt der Vergangenheit. Für sie bedeutete der Tempelberg nur einen potenziellen Konflikt mit dem Islam – mehr eine politische Bürde als alles andere. Viele Juden denken heute ganz anders über dieses »kleine« Grundstück.

Ein zukünftiger Tempel

Die Hoffnung auf den Wiederaufbau des Tempels in Jerusalem ist nie erloschen. Die täglichen Synagogengebete haben diese Hoffnung am Leben erhalten. »Lass dir gefallen, oh Herr unser Gott, dein Volk Israel und sein Gebet. Erneuere den Gottesdienst deines heiligsten Heiligtums.« Dieses Gebet, wie es in der 18. Segnung für das *Schmone Esre* steht, liegt seit 2.000 Jahren auf den Lippen jüdischer Menschen.

Wird dieses Gebet eine Antwort finden? Gibt es in der Zukunft Israels einen wiedererbauten Tempel? Die Bibel sagt ausdrücklich, dass es in der Endzeit einen Tempel geben wird. Die hebräischen Schriften und das Neue Testament beziehen sich beide auf diesen Tempel und auf die tragischen Ereignisse, die sich dort in den letzten Tagen zutragen werden. Erst war es der Prophet Daniel und dann Jesus (der sich auf Daniels Prophezeiung bezog): Sie warnten die Menschen vor dem »Gräuel der Verwüstung an heiliger Stätte«.

Bis vor Kurzem schien die Vorstellung vollkommen absurd, es könne einen dritten Tempel geben, mit dem sich diese Prophetie erfüllen könnte. Jetzt allerdings gibt es jüdische Gruppen, die sich – trotz der Tatsache, dass zwei muslimische Moscheen auf dem Tempelberg stehen – der Aufgabe widmen, Priester auszubilden für den Tag, an dem der Tempel wiederhergestellt sein wird. *Aterah Kohanim* ist eine dieser Gruppen. Sie hat viele der arabischen Häuser in der Altstadt Jerusalems in nächster Nähe des Tempelbergs aufgekauft. Sie haben auch *Jeschiwas* (jüdische Religionsschulen für Erwachsene) errichtet, um Tempelpriester zu unterrichten und zu erziehen; zum Zeitpunkt der Drucklegung der amerikanischen Ausgabe dieses Buches befanden sich dort etwa 200 Männer in aktiver Ausbildung für den Priesterdienst. *Project Cornerstone* (»Projekt Eckstein«) ist eine weitere Gruppe, die Geld sammelt, um zur Ausbildung von Priestern für den Tempel beizutragen.

Dann gibt es die *Temple Mount Faithful*, die »Getreuen des Tempelbergs«, eine Gruppe, die jederzeit mit dem Bau des Tempels beginnen kann. Sie haben einen riesigen Kalkstein zugehauen: Einen 4,5 Tonnen schweren Eckstein, mit dem ihre Arbeit beginnen soll. 1989 versuchten sie zum ersten Mal, den Stein auf den Tempelberg zu bringen. Jedes Jahr führen sie an Sukkot (dem Laubhüttenfest) die feierliche Wasserschöpfzeremonie am Teich Siloah durch und versuchen dann, den Eckstein für den Wiederaufbau des Tempels zu legen. Jedes Jahr verhindert die israelische Regierung das. Das Grundstück bleibt ein Heiligtum für Muslime und untersteht islamischer Herrschaft. Israelischen Regierungsvertretern ist nicht nach Aktionen zumute, die leicht zu Aufständen oder möglicherweise sogar zum Dritten Weltkrieg führen könnten.

Allerdings wäre durchaus eine Lösung denkbar, um dieses Hindernis zu umgehen. Vor Kurzem haben Archäologen die Annahme geäußert, dass der Grundstein, auf dem einst die Bundeslade stand, nördlich des Felsendoms lag. Wenn das stimmt, wäre es theoretisch möglich, den Tempel wieder aufzubauen, ohne dass man die muslimischen Heiligtümer niederreißen müsste. Trotzdem bleibt das aufgrund der Nähe zu den Moscheen gelinde gesagt ein brisantes Thema.

Über die Lösung der Probleme beim Wiederaufbau des Tempels können wir nur spekulieren. Auf jeden Fall steht eins fest: Viele religiöse Juden – und auch viele Christen – sehnen sich mit brennendem Eifer danach, den Tempel wieder aufgebaut zu sehen. Jedoch lassen diese dabei die fürchterlichen Ereignisse außer Acht, die uns die Bibel in und um diesen Tempel herum ankündigt.

Verrat im Tempel

Wir erinnern uns: Die Schreckenszeit der Trübsal beginnt laut dem Propheten Daniel mit der Unterzeichnung eines Friedensvertrages zwischen Israel und einer als »Antichrist« bekannten Einzelperson. Vielleicht wird sogar dieser Vertrag den Weg für den Wiederaufbau des Tempels frei machen. Wer immer ein so bedeutsames Ereignis ermöglichen könnte, würde mit Sicherheit den Respekt und das Vertrauen vieler Israelis und religiöser Juden weltweit gewinnen. Wie auch immer der Vertrag aussehen mag: Aller Respekt und alles Vertrauen, das er bewirkt hat, wird nach dreieinhalb Jahren verraten werden. Dieser Betrug wird sich auf so heimtückische Weise zeigen, dass Daniel ihn nur mit dem Wort »Gräuel« beschreiben konnte.

Stellen Sie sich die Freude so vieler religiöser Juden vor, wenn dieser dritte Tempel erbaut ist. Selbst unter den säkularen Israelis jener Zeit wird es ein ordentliches Maß an Nationalstolz auf dieses Bauwerk geben, das als Ergebnis des Friedensvertrages errichtet worden ist. Können Sie sich das vorstellen? Aus aller Welt kommt das Geld geflossen, um ein weiteres Weltwunder zu bauen. Nach über 2.000 Jahren ist das jüdische Priestertum in Jerusalem wieder im Dienst. Nächste Szene: Das alles bricht in einem einzigen Augenblick schrecklichster Gotteslästerung zusammen. Dieser Mann, den die Bibel Antichrist nennt, ist plötzlich mehr als ein eindrucksvoller politischer Herrscher. Er wird von Menschen aus aller Welt bewundert und angebetet. Inzwischen erwartet er das schon, fordert es gar! Arrogant tritt er in den Tempel, dessen Bau durch seinen Friedensvertrag möglich geworden ist. »Betet mich hier an!«, befiehlt er. Und er entsetzt ganz Israel mit dem Gräuel der Verwüstung.

Die Verwüstung, wie sie der Antichrist verursachen wird, ist in dem Maße noch nie da gewesen. Wir wissen nicht genau, wie der Gräuel aussehen wird; aber er wird Antiochus (den Vorgänger des Antichrist) wie einen Freund der Juden aussehen lassen. Und dieser Gräuel ist der Anfang einer Mordorgie. Die Taten Adolf Hitlers und seiner SS-Truppen werden verblassen neben der Verwüstung, die der Antichrist mit seinen Schergen verursacht. Volle zwei Drittel der Bevölkerung Israels werden im daraus entstehenden Konflikt umkommen, wie wir in Sacharja 13,8 lesen. Die Hoffnung des jüdischen Volkes, den herrlichen Tempel wieder aufgebaut zu sehen, wird tatsächlich zur größten Bedrängnis Israels und seinen schlimmsten Leiden führen.

Wer die Lehre der Schrift versteht, wird seinen Eifer für den Wiederaufbau des Tempels mit der Erkenntnis dämpfen, dass dieser Tempel eines Tages den Weg für die finsterste Stunde Israels bereiten wird. Aber wiederum gilt das Sprichwort, dass die Nacht direkt vor der Morgendämmerung am finstersten ist. Die Bibel sagt die dramatische Rettung Israels durch den voraus, der gesagt hat: »Brecht diesen Tempel ab, und in drei Tagen werde ich ihn aufrichten«.

Jeschua, Jesus, wird alle Hoffnung und alle Verheißungen Israels erfüllen – und mehr als das. Eines Tages wird er nach Jerusalem zurückkehren und die vom Antichrist hervorgerufene Verwüstung beenden. An diesem Tag wird ganz Israel, ja die ganze Welt erkennen, wie sehr sie ihn brauchen. Aber er ist immer bereit und wartet ständig darauf, Gottes Gegenwart und die von ihm bereitgehaltene Versöhnung zu denen zu bringen, die ihren Glauben auf ihn setzen.

7 Die Mutter aller Kriege

Was ist die Schlacht von Harmagedon?

»Und er versammelte sie an den Ort, der auf hebräisch Harmagedon heißt.« (Offenbarung 16,16)

Malcolm Muggeridge interviewte Swetlana, die Tochter von Josef Stalin. Sie beschrieb ihre letzte Erinnerung an ihren berüchtigten Vater. Es war auf seinem Sterbebett. Sie erinnert sich genau, was er auf dieser Erde als Letztes tat: Er richtete sich auf seinem Sterbelager auf und ballte mit der letzten Kraft, die ihm noch verblieben war, die Faust gen Himmel. Dann legte er sich hin und starb. Stalin – einst Student an einem theologischen Seminar – hatte sich mit einem abgrundtiefen Hass gegen Religion gewandt, der die brutale Schreckensherrschaft anheizte, in der er 15 Millionen seiner Landsleute umbrachte. Dieser Hass charakterisierte ihn nicht nur im Leben, sondern auch im Tod.

Der Anfang des Kampfes

Um die als »Harmagedon« bekannte Endzeitschlacht zu verstehen, müssen wir sie im Kontext betrachten. Sie ist kein isoliertes Ereignis in der Menschheitsgeschichte, sondern in Wirklichkeit der Gipfelpunkt eines sehr alten, langen und sich hinziehenden Kampfes.

Der Psalmist schreibt:

> »Warum toben die Nationen und sinnen Eitles die Völkerschaften? Es treten auf Könige der Erde, und Fürsten tun sich zusammen gegen den HERRN und seinen Gesalbten: ›Lasst uns zerreißen ihre Bande und von uns werfen ihre Stricke.‹« (Psalm 2,1-3)

Mit seinem letzten Atemzug zeigte Stalin, was in seinem Herzen war. Tragischerweise findet sich diese Herzenshaltung hin und wieder bei jedem: Ganz-Hingabe an die Auflehnung gegen unseren Schöpfer.

Wodurch wird Auflehnung gegen Gott hervorgerufen? Warum steigern Menschen sich in den Versuch hinein, einem allmächtigen Gott die Herrschaft zu entreißen? Die Folgen dieser Rebellion sind vernichtend; und letzten Endes werden sie zur Mutter aller Kriege führen. Um das zu verstehen, müssen wir zurückgehen zum *Gan Eden* – dem Garten Eden: zurück bis zur Erschaffung der Menschheit.

Wo haben wir gefehlt?

Eine tragische Rebellion kosmischen Ausmaßes ereignete sich, als das großartigste aller Engelwesen, »Luzifer«, der Morgenstern, seinem Schöpfer den Rücken kehrte. Anstatt die Ehre anzunehmen, der größte und mächtigste aller Diener Gottes zu sein, beschloss Luzifer, die Autorität des Einen herauszufordern, der ihn und alle Welten geschaffen hatte. Er wurde zu *ha Satan* – hebräisch für: »der Widersacher«. Gott stürzte im Gericht diesen ehemaligen Engel des Lichts auf die Erde.

Der Allmächtige hätte seinen Widersacher mit Leichtigkeit vernichten können. Satan hatte alle Arroganz zur Schau gestellt, die ein geschaffenes Wesen zeigen kann, indem er seinem Schöpfer sagte: »Ich brauche dich nicht, und du hast nicht das Recht, mir Vorschriften zu machen«. Gott hätte auf diese in äußerster *Chuzpe* (Frechheit) ausgesprochene Herausforderung reagieren können, indem er Satan wie eine Laus zerquetscht hätte. Aber der Allmächtige brauchte seine Macht nicht zu beweisen. Vielmehr wollte er etwas anderes unter Beweis stellen.

Satan hatte mit seiner Handlungsweise dem Universum zugerufen, dass Stolz durchaus annehmbar und Leben in Unabhängigkeit von Gott wünschenswert sei. Gott beschloss, diesen Stolz und diese Unabhängigkeit ihren Lauf nehmen zu lassen. Am Ende müsste Satan ja doch sich selbst und der Welt beweisen, dass Auflehnung gegen Gott nur zu Sinnlosigkeit, Bosheit, Schmerz und Tod führen kann. Gleichzeitig wollte Gott seinen eigenen Plan in die Tat umsetzen, der seine Liebe und Gnade höchst dramatisch demonstrieren sollte. Der König des Universums wollte eines Tages die Überlegenheit seiner Wege auf sehr persönliche Weise zeigen: Er beschloss, sich demütig in ein Leben der Abhängigkeit und Dienerschaft zu begeben, indem er ein Mensch wurde. Und durch seine Menschwerdung wollte er das Menschengeschlecht erlösen.

Warum sollten wir denn einen Erlöser brauchen? Einfach, weil wir uns haben übertölpeln lassen. Unsere ersten Vorfahren wurden von Satan zu dem Glauben verführt, Gott liege nicht wirklich ihr Bestes am Herzen. Rebellion gegen ihn sei der einzige Weg, um zu bekommen, was sie sich wirklich wünschten und was sie auch verdienten. Daran hat sich nicht viel geändert. Die Haltung der Menschen ist seither eigentlich noch immer so: Wir brauchen Gott nicht, wir können genauso gut oder noch besser selber entscheiden, was richtig oder falsch ist und wie wir unser Leben führen sollen. Seit der tragischen Entscheidung von Adam und Eva im Garten Eden hat es kein Mensch je geschafft, dauerhaft eine weise und gute Beziehung zu Gott zu haben und das ganze Leben lang in vollkommenem Vertrauen und Gehorsam zu leben.

Ironischerweise reißen wir uns selber durch unseren aufgeblasenen Stolz auf unsere eigenen Fähigkeiten und durch unser fehlendes Vertrauen zu Gott von dem los, der uns am besten kennt und am meisten liebt. Das ganze Gewebe unserer Seele löst sich auf. Vielleicht versuchen wir, diesen Stoff neu zu schneiden oder ihn umzuformen, damit wir irgendwie ohne Gott Befriedigung finden können. Aber das funktioniert einfach nicht. Wenn wir Menschen nicht mehr mit Gott übereinstimmen, stimmen wir schon sehr bald auch nicht mehr miteinander überein. Wir manipulieren die anderen und versuchen, Macht über sie auszuüben - alles in der fehlgeleiteten Vorstellung, wir hätten es doch verdient, die Wirklichkeit zu bestimmen. Wir machen uns selbst zur höchsten Autorität; wir zeigen, wie tief wir sinken können. Wir tappen in die Falle unserer eigenen Verfehlungen und sind unfähig, uns an der Beziehung zu erfreuen, die wir mit Gott und mit dem Rest seiner Schöpfung haben wollten. Das ist der Kern unserer Auflehnung.

Gottes Antwort auf Rebellion

Wir meinen vielleicht, dass wir durchaus nicht gegen Gott rebellieren. Wir glauben vielleicht nicht einmal, dass Gott existiert. Aber auch das ist Rebellion: die Entscheidung, nicht zu wissen, was wir durchaus wissen könnten. Gott hat dafür gesorgt, dass es genug Beweise seiner Existenz gibt: für jeden, der aufrichtig die Wahrheit wissen möchte. Und wenn Gott existiert, dann weiß er viel besser als wir, was richtig ist und wie wir am besten Sinn und

Würde und Freude im Leben haben können. Alle zweijährigen Kinder versuchen, ihre Wünsche und Erwartungen den Eltern aufzuzwingen. Fürsorgliche Väter und Mütter erlauben ihren Kindern nicht, all die Dinge zu essen, die sie gerne in ihr zweijähriges Mündchen stecken wollen. Fürsorgliche Eltern zucken nicht mit den Schultern, schauen nicht weg, wenn ihre Kleinen auf das Feuer zustolpern und die Hände fröhlich ausstrecken, um die schönen Flammen zu streicheln.

Einige halten diesen Vergleich vielleicht für herabsetzend. Ich will auch durchaus nicht sagen, dass Gott uns bevormundet oder uns behandelt, als wären wir alle nichts als Zweijährige. Aber obwohl Gott uns als Erwachsene ansieht, ist zu bedenken: Der Abstand zwischen Ihrem Verständnis und dem eines Zweijährigen darüber, was am Besten für ihn ist, ist nichts im Vergleich zum Unterschied zwischen Gottes Ansichten und Ihrem eigenen Verständnis davon, was am Besten für *Sie* ist. Wenn Sie Vater oder Mutter sind, sind Sie »Mitschöpfer« eines menschlichen Lebens. Aber Gott hat alles menschliche Leben geschaffen. Er ist Architekt und Erbauer des Universums. Er hat Sie geplant und ausgearbeitet; und er weiß bis ins kleinste Detail, wie unser Körper, unser Intellekt und unsere Gefühle funktionieren. Er ist Vater und Mutter, der Eine, ohne den es keinen Einzigen von uns geben würde.

Manche Menschen wissen nicht, was es heißt, einen Vater bzw. eine Mutter zu haben, der oder die es versteht, seine (bzw. ihre) Kinder lieb zu haben. Selbst die allerbesten Eltern machen Fehler; daher können die allerschlechtesten Eltern wirklich schlimm sein. Aber Gott ist so, wie ideale Eltern wären. Er weiß, wie er in einer liebevollen Beziehung zu uns stehen kann; er weiß, wie er für uns sorgen, uns erziehen und beschützen muss, während er uns die Möglichkeit gibt, uns auszustrecken, zu wachsen und zu lernen, wir selbst zu sein. Er ist mehr »für« uns, als irdische Eltern es jemals sein könnten. Wir sind am besten dran und auch am erfülltesten, wenn wir für diese Beziehung zu ihm offen sind. Dennoch ist es unsere Wesensart, Gott wegzuschieben, unsere eigene Unabhängigkeit aufrechtzuerhalten und darauf zu bestehen, dass unsere Rechte schwerer wiegen als die Rechte Gottes. So ist unser rebellisches Herz – stolz und ungehorsam.

Ein Teil des Planes Gottes ist es, uns diese Rebellion als das zu zeigen, was sie tatsächlich darstellt – den Menschen ihre Portion

Sünde zuzugestehen und alles seinen Weg nehmen zu lassen. Schließlich wird Gott dem ein Ende setzen. In seinem allegorischen Werk *Die große Scheidung* sagt C.S. Lewis, dass der Himmel der Ort ist, an dem all jene Menschen die Ewigkeit zubringen, die sagen: »Gott, dein Wille geschehe.« Die Hölle ist der Ort, an dem Gott endlich zu einem Rebellen, der nicht umkehren will, sagt: »Okay – *dein* Wille geschehe.« Lewis zeichnet die Hölle als einen Ort, wo die Tür von innen verschlossen ist und wo Gott zugestimmt hat, aus dem Leben der Menschen ausgeschlossen zu bleiben – für immer und ewig.

Letztendlich wählen wir unsere eigene Zukunft selbst. Die meisten Menschen entscheiden sich (bewusst oder unbewusst) dafür, bei den Nationen zu stehen, von denen der Psalmist geschrieben hat: den Nationen, die sich gegen den HERRN und seinen Gesalbten zusammentun. Die meisten Menschen erkennen nicht, dass ihre Wahl sie mit der Quelle dieser Raserei und der Rebellion in eine Reihe gestellt hat – mit Satan. Er sollte wissen, wer am Ende den Sieg davonträgt. Und dennoch ist er so voller Hass, dass er weiterkämpft, um so viel Schmerz zu verursachen und so viele Leben zu vernichten wie irgend möglich, indem er so viele Menschen mit sich zieht, wie er nur kann. Wie John Milton in *Das verlorene Paradies* schreibt, scheint Satans Haltung zu sein: »Besser in der Hölle herrschen als im Himmel dienen«.

Am Ende muss Gott auf den Tisch hauen und diese uralte Rebellion zerquetschen. Die Bibel sagt, dass das in der Schlacht von Harmagedon geschehen wird.

Der Krieg, der das Ende aller Kriege bringt

In der gesamten Bibel werden die Endzeit und vor allem die Schlachten in einer Sprache beschrieben, die als »apokalyptische Ausdrucksweise« bekannt ist: Prosa mit vielen Symbolen. Oft werden Tiere verwendet, um bestimmte Menschen oder Nationen darzustellen, vor allem deren Herrscher. Kosmische Zeichen am Himmel stehen symbolhaft für übernatürliche Phänomene. Die Symbole können insoweit wörtlich genommen werden, als sie uns auf tatsächliche zukünftige Ereignisse hinweisen. Aber sie sind immer noch Symbole und somit keine buchstäblichen Beschreibungen dieser kommenden Geschehnisse. Biblische Sätze wie »der Mond wird sich in Blut verwandeln« malen Bilder von

Ereignissen, und sie weisen uns auf eine tiefere Bedeutung hin – eine theologische Bedeutung, wenn man so will.

Die Perspektive der Apokalypse erscheint pessimistisch. Die Dinge sind schlecht und sollen schlechter werden. Aber immer schwingt bei dieser pessimistischen Haltung der gegensätzliche Sinn einer Hoffnung für die Zukunft mit. Es gibt die Verheißung der Rettung. Der Krieg kommt, die Schlacht wird wütend toben, und sie ist unvermeidlich. Aber mitten im Konflikt gibt es das Versprechen der Rettung. Es gibt eine Realität, eine Verheißung, eine Sicherheit, die von der Bibel vermittelt wird. Diese Realität, diese Verheißung ist, dass Gott den Überblick behält. Gott wird sicherstellen, dass – egal, wie schlimm es auf der Erde wird – die Dinge nicht so schlimm werden, dass es keine Hoffnung mehr gibt.

Die letzte Schlacht ist eigentlich eine Serie von Schlachten, die in der siebenjährigen großen Trübsal beginnt. Der erste Kampf ist bekannt als die Schlacht von Gog und Magog.

> »Und das Wort des HERRN geschah zu mir so: Menschensohn, richte dein Gesicht gegen Gog ... und weissage über ihn und sprich: So spricht der Herr, HERR: Siehe, ich will an dich, Gog, Fürst von Rosch, Meschech und Tubal ... Nach vielen Tagen sollst du aufgeboten (heimgesucht) werden; am Ende der Jahre sollst du in ein Land kommen, das vom Schwert wiederhergestellt, das aus vielen Völkern gesammelt ist, auf die Berge Israels, die für lange Zeit zur Trümmerstätte geworden waren; das ist aus den Völkern herausgeführt worden, und sie wohnen in Sicherheit allesamt. Und du wirst hinaufziehen, wie ein Sturm herankommen, wirst sein wie eine Wolke, das Land zu bedecken, du und alle deine Scharen und viele Völker mit dir.« (Hesekiel 38,1-3.8-9)

Hesekiel zeichnet das Bild von einer sehr großen Armee, die über das Land Israel herfällt. Die Truppen werden von Gog angeführt; er ist der Führer des Landes Magog sowie der Länder Rosch, Meschech und Tubal. Obwohl diese Namen in 1. Mose 10 als Söhne Jafets erwähnt werden, haben wir deutliche Hinweise darauf, welche Nationen unserer Tage gemeint sein könnten. Magog, Meschech und Tubal waren Stämme des Altertums, die zwischen dem Schwarzen und dem Kaspischen Meer wohnten – das ist heute Südrussland. Die Stämme Meschech und Tubal haben heutigen Städten ihre Namen gegeben: Moskau und Tobolsk. Einige nehmen an, dass das Wort »Russland« von »Rosch« abstammt.

Wenn Sie bedenken, dass Moskau fast in direkter Linie nördlich von Jerusalem liegt, wäre es durchaus möglich, dass eine von Russland angeführte Staatenföderation hinter diesem ersten Kampf der Trübsal steht. Hesekiel teilt uns mit, dass sich noch drei weitere Länder anschließen: Persien, Äthiopien und Put. Wir wissen, dass Persien der heutige Iran ist. Die anderen sind wohl afrikanische Nationen; vielleicht gehört Libyen dazu. Gemeinsam greifen diese Nationen das Land Israel in den israelischen Bergen an. Ihre Armeen sind vom nördlichen Ende der Jesreel-Ebene bis hinunter in die südlichen Gebiete – Beerscheba und Negev – stationiert. Jerusalem liegt mitten in diesen Bergen, und dort kommen die Heere in einer massiven Invasion zusammen.

Die Bibel sagt, dass diese Heere das Land bedecken werden wie eine Sturmwolke. Hesekiel beschreibt Israel als eine Nation unbefestigter Städte, von ihren Feinden verwundbar. Israels Verteidigungskräfte sind schwach, weil das Volk glaubt, es sei durch den dreieinhalb Jahre zuvor mit dem Antichrist geschlossenen Vertrag geschützt. Aber Israel wird verraten. Der Angriff erfolgt, und die Nationen der Welt halten sich zurück und schauen zu. Sie erwarten, dass Israel zerstört wird; sie entdecken jedoch, dass eine viel stärkere Macht für Israel kämpft, als alle Nationen zusammengenommen je aufbringen könnten. Es ist der HERR, Gott selbst.

> »Und ich rufe auf meinem ganzen Gebirge das Schwert über Gog herbei, spricht der Herr, HERR; da wird das Schwert des einen gegen den anderen gerichtet sein. Und ich werde ins Gericht mit ihm gehen durch Pest und durch Blut. Und einen überschwemmenden Regen und Hagelsteine, Feuer und Schwefel lasse ich auf ihn regnen und auf seine Scharen und auf die vielen Völker, die mit ihm sind.« (Hesekiel 38,21-22)

Unter Israels Feinden wird eine Massenverwirrung entstehen, wenn Gott auf erderschütternde und wundersame Weise zuschlägt. Diese Menschen werden restlos abgeschlachtet werden. Ja, Hesekiel sagt uns sogar, dass Israel nach der Schlacht sieben Monate brauchen wird, um wieder aufzuräumen. Dennoch ist die Schlacht von Gog und Magog nur das Vorspiel zum letzten Kampf, der oft als Harmagedon bezeichnet wird. Dieser Kampf zeigt Israel, wie närrisch es war, auf einen Friedensvertrag oder auf die Macht anderer Herrscher als Gott zu vertrauen. Israel entdeckt, dass es nur einen gibt, auf den zu vertrauen sich lohnt: nämlich den HERRN.

Der übernatürliche Sieg über die Heere von Gog und Magog dient dem Antichrist als Vorwand, um ins Land Israel einzumarschieren. Sein Plan, die Weltherrschaft zu gewinnen, ist aufgegangen. Dank der Manipulation seines Partners – des falschen Propheten – hat er die Welt wirtschaftlich im Würgegriff. Aufgrund der vom falschen Propheten vollbrachten Zeichen und Wunder und dank der wundersamen Heilung einer tödlichen Wunde, die der Antichrist bei einem Mordanschlag auf ihn erhalten hat, beten ihn nun tatsächlich alle Völker der Welt als eine Art Guru-Gott an. Das heißt: alle Völker außer dem jüdischen Volk. Die Gotteslästerung des Antichrist im Tempel hat unserem Volk ein Licht aufgehen lassen. Es hat sich von ihm abgewandt. Der Antichrist dachte, die Heere von Gog und Magog mit ihren Verbündeten könnten das jüdische Volk erledigen. Aber da lag er falsch. Also tritt sein endgültiger Plan zur Auslöschung aller Juden in Kraft. Schlussendlich kommen wir zum Hauptereignis: dem Feldzug von Harmagedon.

Harmagedon ist aus zwei Worten zusammengesetzt: *Har* heißt Berg, dazu kommt *Megiddo* – ein Berg, den es wirklich gibt und der die Jesreel-Ebene überragt. Megiddo war früher eine der befestigten Städte von König Salomo. Heute kann man die Ruinen dieser Stadt besichtigen und auf die Jesreel-Ebene hinausschauen. Israel hat dort eine militärische Schlüsselbasis. Man erlebt dort ein beständiges Geschwirr von Militärflugzeugen, die mitten im sehr fruchtbaren Ackerland abheben und landen.

Die Jesreel-Ebene ist ein Ort von großer historischer Bedeutung. Debora und Barak siegten dort über die Kanaaniter; Gideon besiegte dort die Midianiter; König Saul wurde dort erschlagen; Ahasja wurde dort von Jehu umgebracht; König Josia wurde dort von den Ägyptern erschlagen. Selbst Napoleon Bonaparte marschierte an Megiddo vorbei, als er den Nahen Osten einzunehmen versuchte. Das Militärgenie nannte die Jesreel-Ebene »das natürlichste Schlachtfeld auf der ganzen Erde«. Es sollte nicht überraschen, dass die Ebene von Harmagedon zum Sammelplatz für die Armeen des Antichrist wird.

Während man sich gewöhnlich auf die *Schlacht* von Harmagedon bezieht, sind eigentlich die Begriffe »Krieg« oder »Feldzug« eher angebracht. Die Einzelheiten werden in mehreren biblischen

Büchern wie Joel, Sacharja und Matthäus beschrieben, vor allem aber in der Offenbarung.

Es gibt in dieser Schlacht drei Teilnehmergruppen. Die erste: der Antichrist und seine Armeen. Diese Armeen sollen alle Nationen der ganzen Welt vertreten, vielleicht mit Ausnahme der »Könige des Ostens«, weil sie die zweite Gruppe darstellen. Wenn die Bibel von Königen des Ostens spricht, bezieht sich das normalerweise auf die persischen und arabischen Könige östlich des Jordan. Es wird auch spekuliert, dass diese Armeen aus dem Fernen Osten kommen – aus Asien, vielleicht aus China. Wie dem auch sei, diese Könige des Ostens tun sich im Kampf gegen Israel mit dem Antichrist zusammen. Sie kommen über den Fluss Euphrat, der ausgetrocknet ist (vielleicht wegen eines Dammes), und stellen sich dann zum Kampf. Die dritte Gruppe besteht aus den jüdischen Menschen, die in Israel leben und versuchen, ihr Heimatland gegen diese Masseninvasion zu verteidigen.

Die Versammlung der Armeen in der Ebene von Megiddo oder Harmagedon ist wohl der erste von mehreren Schritten in diesem letzten aller Feldzüge. Stellen Sie sich vor, wie das für Israel sein wird: Eine massive Heeresmacht sammelt sich in der Mitte seines Landes. Vom Osten kommen Heere anmarschiert, um sich anzuschließen. Wenn es für Israel jemals ein Gefühl von Schrecken und Untergang gegeben hat, dann erfährt Israel es zu diesem Zeitpunkt.

Der zweite Schritt erfolgt plötzlich und unerwartet: die Zerstörung von Babylon im heutigen Irak (Offenbarung 18,2). Vielleicht geschieht das, wenn die Armeen des Ostens über den Euphrat kommen. Die Bibel beschreibt nicht genau, wie sich dieses Ereignis zuträgt. Aber die Tatsache, dass es geschieht, versetzt den Antichrist in rasende Wut und führt zu einem direkten Angriff auf Jerusalem. Das ist der dritte Schritt im Feldzug von Harmagedon. Der Angriff auf Jerusalem erfolgt in brennendem Zorn, und die Stadt wird von den einbrechenden Armeen sogar überwältigt.

> »Und ich versammle alle Nationen nach Jerusalem zum Krieg; und die Stadt wird eingenommen und die Häuser werden geplündert. Und die Frauen werden geschändet. Und die Hälfte der Stadt wird in die Gefangenschaft ausziehen, aber der Rest des Volkes wird nicht aus der Stadt ausgerottet werden.« (Sacharja 14,2)

Es gibt ein schreckliches Blutvergießen, und Jerusalem erleidet eine furchtbare Niederlage. Das Hauptschlachtfeld ist das Tal Joschafat. Dieses Gebiet schließt sich ans Ende des Kidron-Tals südlich von Jerusalem an. Die Hälfte der Bewohner Jerusalems wird umgebracht oder in die Gefangenschaft weggeführt. Die Vernichtung und Verwüstung kann man sich nur schwer vorstellen. Das Volk Israel ist zerschlagen, zerbrochen und besiegt. Es ist fast vernichtet ... aber noch ist es nicht vorbei. In der dunkelsten Stunde, als alles verloren erscheint, wird das Volk zu Gott um Rettung schreien. Und Gott wird antworten. Das ist die Schlussphase von Harmagedon.

»Und der HERR brüllt aus Zion und lässt aus Jerusalem seine Stimme erschallen, und Himmel und Erde erbeben. Und der HERR ist eine Zuflucht für sein Volk und eine Feste für die Söhne Israel. Und ihr werdet erkennen, dass ich, der HERR, euer Gott bin, der auf Zion wohnt, meinem heiligen Berg. Und Jerusalem wird heilig sein, und Fremde werden es nicht mehr durchziehen.« (Joel 4,16-17)

Über die Einzelheiten dieser Befreiung können Sie im nächsten Kapitel mehr lesen. Aber bedenken Sie: Die Schlacht von Harmagedon wird der Höhepunkt einer geistlichen Schlacht sein, die schon seit dem Anbeginn der Zeit tobt; einer Schlacht, die eben jetzt bereits stattfindet. Dieser Krieg findet zwar letztendlich zwischen Gott und seinem Widersacher Satan statt; aber er beinhaltet auch Sie und Ihre Entscheidung, sich entweder Gott zuzukehren und ihm zu vertrauen – oder sich abzuwenden und ihn aus Ihrem Leben auszublenden.

Der Kampf um die Gedanken und Herzen von Männern und Frauen ist die eigentliche Mutter aller Kriege. Es erscheint vielleicht, als würde Gott diesen Kampf verlieren; aber er hat durch seine Propheten gezeigt, dass er diese Verluste nur so lange laufen lässt, bis er am Ende den Sieg beansprucht. Gott ist nicht am Steuer eingeschlafen. Und Sie?

Vielleicht haben Sie nicht gerade gegen Gott *gekämpft*; Sie haben nur versucht, ihn zu ignorieren. Wie auch immer: Sie müssen wissen, dass die Frontlinien abgesteckt sind. Gott möchte, dass Sie auf seiner Seite stehen. Wenn es zu diesem kosmischen Konflikt kommt, gibt es keine Neutralität – keine geistliche Schweiz. Nicht zu wählen entspricht der Entscheidung, nicht auf

Gottes Seite zu stehen. Nicht nur das: Eines Tages wird diese Entscheidung zu dem Ergebnis führen, dass der »Nicht-Wähler« *gegen* Gott steht. Gott hat den Messias Jeschua gesandt, um den Kampf gegen Sünde und Satan zu gewinnen, damit Sie jetzt am Sieg teilhaben können.

Unsere große Hoffnung

Was ist das zweite Kommen des Messias?

»Und dann wird das Zeichen des Sohnes des Menschen am Himmel erscheinen; und dann werden wehklagen alle Stämme des Landes, und sie werden den Sohn des Menschen kommen sehen auf den Wolken des Himmels mit großer Macht und Herrlichkeit.«
(Matthäus 24,30)

In einer Szene aus dem Musical *Anatevka* ist den jüdischen Einwohnern des Städtchens soeben mitgeteilt worden, dass sie ihre Heimat verlassen müssen. Ein Einwohner fragt den Rabbi: »Rabbi, wir warten schon so lange auf den Messias. Wäre jetzt nicht eine gute Zeit für seine Ankunft?« Der Rabbi antwortet: »Wir müssen eben anderswo auf ihn warten.«

Zu allen Zeiten hofften und sehnten sich die jüdischen Menschen nach dem Messias. Diese Hoffnung findet im täglichen Synagogen-Gottesdienst ihren Ausdruck: »Lass den Spross deines Knechtes David bald erstehen und sein Horn erheben mit deiner Rettung, denn den ganzen Tag hoffen wir auf deinen Beistand ...« Auch in den Dreizehn Glaubensartikeln von Maimonides kommt diese Hoffnung zum Ausdruck: »Ich glaube mit vollkommenem Glauben an das Kommen des Messias. Und obwohl er zögert, will ich ihn dennoch jeden Tag erwarten, da er kommen soll.«

Aber was wird seine Ankunft bringen? Wie wird sie sein? Folgendes Gedicht aus dem Mittelalter spiegelt die gemischten Gefühle vieler Juden bezüglich des Kommens des Messias:

»Eile, Messias Gottes. Warum zögerst du? Siehe, sie warten auf dich mit strömenden Tränen. Ihre Tränen von Blut sind wie mächtige Ströme. Nach dir, oh Fürst, verlangt jedes Herz und jede Zunge ... Erwache, unser Messias. Erhebe dich und leuchte. Besteige ein galoppierendes Pferd, spanne es vor eine königliche Kutsche. Weh, alle meine Knochen sind zerbrochen und verstreut. Aber solltest du einen Esel reiten, mein Herr, höre meinen Rat: Leg dich wieder schlafen, unser Fürst, und besänftige dein Herz. Lass das Ende warten und die Vision versiegelt sein.« (Raphael Patai, *The Messiah Texts*, New York: Avon Books, 1979, S. 49)

Sehen Sie, wie das gespannte Verlangen nach dem Messias von einer Unsicherheit abgeschwächt wird – einer Unsicherheit über der Frage, wie er kommen und was er tun wird? Wir als Volk haben bereits einige Erfahrung darin, uns in schlimme Konflikte über den Messias verwickeln zu lassen. Im Mittelalter gab es viele, die vorgaben, der Messias zu sein – und viele Menschen unseres Volkes folgten ihnen nach – mit tragischen Folgen.

Die Rabbiner kamen bereits früh zu dem Schluss, dass jüdische Menschen bezüglich der Ankunft des Messias keine Berechnungen anstellen sollten. »Verflucht ist, wer das Ende berechnet. Denn sie sagen, weil das Ende noch nicht gekommen und der Messias noch nicht erschienen sei, werde er niemals kommen« (Sanhedrin 97b).

Mit anderen Worten: Wenn Menschen über den Messias spekulieren und ihre Theorien sich nicht bewahrheiten, könnten sie über sein Kommen zynisch werden. Dieser Zynismus könnte sogar andere in die Irre führen.

Das ist die Spannung, die viele Menschen unseres Volkes verspüren, wenn es ums Kommen des Messias geht: Auf der einen Seite eine Tradition der Sehnsucht – der tiefen, aufrichtigen Hoffnung, dass der Messias kommen wird. Auf der anderen Seite hingegen herrscht eine große Zurückhaltung, über spezifische Daten oder andere Einzelheiten bezüglich des Messias nachzudenken.

Verwirrende Porträts des Messias

Ein weiterer Teil dieser Zweischneidigkeit rührt vielleicht von einer scheinbaren Doppeldeutigkeit in der Bibel selbst her. Es scheint zwei sehr unterschiedliche Bilder davon zu geben, wie der Messias sein wird.

Die folgenden Abschnitte vergleichen diese beiden Bilder, um die scheinbaren Widersprüche zu beleuchten.

1) Daniel 7,14 und Daniel 9,26

»Und ihm wurde Herrschaft und Ehre und Königtum gegeben, und alle Völker, Nationen und Sprachen dienten ihm. Seine Herrschaft ist eine ewige Herrschaft, die nicht vergeht, und sein Königtum so, dass es nicht zerstört wird.« (Daniel 7,14)

»Und nach den zweiundsechzig Wochen wird der Messias abgeschnitten werden, doch nicht für sich selbst; und das Volk des Fürsten, der kommen soll, wird die Stadt und das Heiligtum zerstören. Dessen Ende ist in einer Flut, und bis zum Ende des Krieges sind Verwüstungen beschlossen.« (Daniel 9,26; Übers. aus dem Englischen)

Wie kann denn beides zutreffen? Daniel sagt voraus, dass der Messias ein glorreiches Königreich haben wird, in welchem er ewig herrschen soll. Die Annahme scheint vernünftig, dass ein ewiger Herrscher unsterblich sein muss. Aber nur zwei Kapitel später sagt Daniel, dass der Messias sterben wird und dass Stadt wie Tempel zerstört werden sollen.

2) Jesaja 9,5-6 und 53,1-6

»Denn ein Kind ist uns geboren, ein Sohn uns gegeben, und die Herrschaft ruht auf seiner Schulter; und man nennt seinen Namen: Wunderbarer Ratgeber, starker Gott, Vater der Ewigkeit, Fürst des Friedens. Groß ist die Herrschaft, und der Friede wird kein Ende haben auf dem Thron Davids und über seinem Königreich, es zu festigen und zu stützen durch Recht und Gerechtigkeit von nun an bis in Ewigkeit. Der Eifer des HERRN der Heerscharen wird dies tun.« (Jesaja 9,5-6)

»Wer hat unserer Verkündigung geglaubt? An wem ist der Arm des HERRN offenbar geworden? – Er ist wie ein Trieb vor ihm aufgeschossen und wie ein Wurzelspross aus dürrem Erdreich. Er hatte keine Gestalt und keine Pracht. Und als wir ihn sahen, da hatte er kein Aussehen, dass wir Gefallen an ihm gefunden hätten. Er war verachtet und von den Menschen verlassen, ein Mann der Schmerzen und mit Leiden vertraut, wie einer, vor dem man das Gesicht verbirgt. Er war verachtet, und wir haben ihn nicht geachtet. Jedoch unsere Leiden – er hat sie getragen, und unsere Schmerzen – er hat sie auf sich geladen. Wir aber, wir hielten ihn für bestraft, von Gott geschlagen und niedergebeugt. Doch er war

> durchbohrt um unserer Vergehen willen, zerschlagen um unserer Sünden willen. Die Strafe lag auf ihm zu unserm Frieden, und durch seine Striemen ist uns Heilung geworden. Wir alle irrten umher wie Schafe, wir wandten uns jeder auf seinen eigenen Weg; aber der HERR ließ ihn treffen unser aller Schuld.« (Jesaja 53,1-6)

Diese beiden Abschnitte stellen einen der bemerkenswertesten aller messianischen Kontraste dar. Erst die Prophezeiung über die Geburt eines besonderen Kindes, auf dessen Schulter die Herrschaft ruht. Die außergewöhnliche Wesensart dieses Kindes spiegelt sich in den hoheitsvollen Namen, die Menschen ihm geben werden – Namen, die die Art und das Wesen Gottes beschreiben! Dann wieder zeichnet der gleiche Prophet das Bild von jemandem, der keinerlei Ehre erhält, der sogar von denen abgelehnt wird, die zu heilen er gekommen ist: ein demütiger Knecht, der für die Sünden des Volkes leidet und schließlich stirbt.

3) Daniel 7,13 und Sacharja 9,9

> »Ich schaute in Gesichten der Nacht: Und siehe, mit den Wolken des Himmels kam einer wie der Sohn eines Menschen. Und er kam zu dem Alten an Tagen, und man brachte ihn vor ihn.« (Daniel 7,13)

> »Juble laut, Tochter Zion, jauchze, Tochter Jerusalem! Siehe, dein König kommt zu dir: Gerecht und siegreich ist er, demütig und auf einem Esel reitend, und zwar auf einem Fohlen, einem Jungen der Eselin.« (Sacharja 9,9)

Hier finden wir zwei weitere Bilder des Messias, diesmal auf ganz unterschiedlichen Transportmitteln: Im einen Bild kommt er mit den Wolken des Himmels, im anderen auf dem Fohlen einer Eselin. Was stimmt denn nun?

In allen Fällen haben wir diese zwei höchst unterschiedlichen Bilder vom Messias. Was ist die Lösung?

Mögliche Antworten

In der jüdischen Überlieferung finden wir zwei interessante Lösungen für die verwirrenden Bilder vom Messias; und der *Brit haChadascha*, das Neue Testament, bietet uns eine dritte Lösung an. Vergleichen wir doch einmal diese möglichen Antworten.

Laut einer jüdischen Überlieferung sollen zwei Messiasse kommen – Messias Sohn Josefs und Messias Sohn Davids:

> »›Und wehklagen wird das Land‹, Sacharja 12,12, was ist der Grund für diese Klage? Rabbi Docce sagt: ›Sie werden klagen über den Messias, der erschlagen wird ... der Heilige, gepriesen sei er, wird sprechen zu Messias Ben David: Möge er bald offenbart werden in unseren Tagen. Bitte mich, um was du willst, und ich will es dir geben ...‹ Und wenn er sieht, dass Messias Ben Josef erschlagen wird, so wird er vor ihm sprechen: ›Meister der Welt, ich bitte dich um nichts als um Leben.‹ Gott wird sprechen zu ihm: ›Noch bevor du *Leben* sagen konntest, prophezeite dein Vater David über dich, wie geschrieben steht: Er bat dich um Leben, du gabst es ihm‹« (Sukkot 52*a*).

Dieser Abschnitt aus dem Talmud beschreibt einen Dialog zwischen dem Messias Sohn Davids und dem HERRN, Gott selbst. Gott bietet dem Messias Sohn Davids an, ihm zu geben, was er will. Dessen Bitte ist folgende: Wenn der Messias Sohn Josefs stirbt, möge Gott ihn wieder zum Leben erwecken. Gott antwortet, dass bereits vorhergesagt wurde, dass Messias Sohn Davids um eben dies bitten ... und dass Gott es gewähren würde.

Eine weitere jüdische Überlieferung erklärt die zwei gegensätzlichen Bilder vom Messias folgendermaßen: »Rabbi Alexandri sagte: ›Rabbi Jehoschu ben Levi erklärte: ›Wenn das Volk Israel gerecht ist, so wird der Messias mit den Wolken des Himmels kommen. Wenn das Volk Israel nicht gerecht ist, wird er als armer Mann kommen, auf einem Esel reitend‹« (Sanhedrin 98*a*).

Diese zweite Erklärung schlägt also vor, dass die Art der Ankunft des Messias (mit den Wolken des Himmels oder auf einem Esel) davon abhängt, ob Israel gerecht ist oder nicht.

Zwei Bilder – und ein Messias, der zweimal kommt

Das Neue Testament präsentiert eine ganz andere Sicht dieser scheinbar voneinander abweichenden Weissagungen. Es ist eine ältere jüdische Betrachtungsweise, wenn auch die Betrachtungsweise einer Minderheit. (Man erinnere sich: Das Neue Testament wurde von jüdischen Gläubigen an Jesus im ersten Jahrhundert geschrieben. Die meisten Inhalte des Talmud hingegen wurden zwischen dem zweiten und fünften Jahrhundert nach Christus verfasst.) Das Neue Testament legt die gegensätzlichen Prophetien so aus, dass derselbe Messias zweimal kommen soll.

> »Im Hinblick auf diese Rettung suchten und forschten Propheten, die über die an euch erwiesene Gnade weissagten. Sie forschten, auf welche oder auf was für eine Zeit der Geist Christi (des Messias), der in ihnen war, hindeutete, als er die Leiden, die auf Christus kommen sollten, und die Herrlichkeiten danach vorher bezeugte.« (1. Petrus 1,10-11)

Petrus weist darauf hin: Wenn man die Prophetien über das Kommen des Messias anschaut, sieht man sowohl die Leiden als auch die darauf folgende Herrlichkeit. Gleicher Messias, unterschiedliche Erfahrungen. Stellen Sie sich das vor wie zwei Berge, die man aus weiter Entfernung sieht. Von Weitem scheinen diese Berge direkt hintereinander zu liegen oder sich sogar zu berühren. Wenn man aber den langen Weg auf sich nimmt und zum ersten dieser Berge gelangt, und wenn man dann den Aufstieg beginnt, wird der große Abstand zwischen den beiden Bergen immer offensichtlicher. So ist das oft mit Prophetie. Die Propheten sahen die zwei Bilder des Messias wie zwei Berge. Sie scheinen auf der gleichen Ebene zu liegen, berühren sich vielleicht sogar ... sind aber in Wirklichkeit durch eine immense Zeitspanne voneinander getrennt. Laut dieser Perspektive des Neuen Testaments ist der Messias einmal als leidender Gottesknecht gekommen, um für die Sünde des Volkes die Sühnung zu vollziehen. Er wird wiederkommen – in Macht und Herrlichkeit, um ewiges Recht und Gerechtigkeit zu bringen.

Jesus sagte seine eigene Wiederkunft voraus, als er seinen Nachfolgern zuversichtlich versprach: »Und wenn ich hingehe und euch eine Stätte bereite, so komme ich wieder und werde euch zu mir nehmen, damit auch ihr seid, wo ich bin«.

Nach seiner Kreuzigung und Auferstehung erklärte Jesus, dass sowohl sein Leiden als auch seine Herrlichkeit von den hebräischen Propheten vorausgesagt worden waren:

> »Und er sprach zu ihnen: O ihr Unverständigen und im Herzen zu träge, an alles zu glauben, was die Propheten geredet haben! Musste nicht der Christus dies leiden und in seine Herrlichkeit hineingehen? Und von Mose und von allen Propheten anfangend, erklärte er ihnen in allen Schriften das, was ihn betraf.« (Lukas 24,25-27)

Später drückte auch der Autor des neutestamentlichen Hebräerbriefs diese Ansicht aus, als er an die jüdischen Nachfolger Jesu des ersten Jahrhunderts schrieb:

> »… so wird auch der Christus, nachdem er einmal geopfert worden ist, um vieler Sünden zu tragen, zum zweiten Male ohne Beziehung zur Sünde denen zum Heil erscheinen, die ihn erwarten.« (Hebräer 9,28)

Die Lösung im Neuen Testament besteht nicht in zwei Messiassen, sondern darin, dass ein und derselbe Messias zweimal kommt. Es ist dieses zweite Kommen, das seine Nachfolger erwarten. Dieses zweite Kommen spielt in das Endzeitszenario hinein.

Wie wird das geschehen?
Um es im richtigen Kontext zu sehen, wiederholen wir nochmals das in den vorigen Kapiteln dargestellte Szenario. Die Welt hat einen Militärkonflikt ohnegleichen erreicht. Sieben Jahre der Trübsal haben sich in ein stetiges Crescendo aus Blutvergießen und Gewalt gesteigert. Alle Nationen der Erde haben sich versammelt, um gegen Israel zu kämpfen. Das Blut von Juden und Heiden und der Gestank des Todes erfüllen das Tal Joschafat. Die verzweifelten Schreie der Sterbenden gellen in den Ohren aller, die sich in diesem uralten Land versammelt haben. Ein tödlicher Dolch ist auf Israel gerichtet, um dem jüdischen Volk ins Herz gestoßen zu werden. Gott, der verheißen hat, dass Israel auf ewig sein Volk sein sollte, ist seine einzige Hoffnung. An diesem Punkt schreit ganz Israel auf: im Schmerz eines Volkes, das mit sich selbst ganz und gar am Ende ist. Nirgendwo kann es sich mehr hinwenden. Die Stunde ist gekommen. Hoffnung ist fast vollständig geschwunden.

Und dann kommt der Messias mit Macht und Herrlichkeit. Die Bibel berichtet uns davon. Zuerst hört man den Schall seines Kommens: Man hört den Messias, bevor man ihn sieht. Bis hierher waren Bilder, Geräusche und der Gestank des Kampfes das einzig Wahrnehmbare. Aber sie verblassen und verschwimmen, wenn der überwältigende, umwerfende Schall der Ankunft des Königs die Luft erfüllt und er »mit einem Befehlsruf herabkommt« (1. Thessalonicher 4,16).

Wie mag ein Befehlsruf vom Schöpfer des Universums klingen? Ich stelle mir vor, dass man ihn nicht zuerst in den Ohren, sondern in den Knochen vernimmt. Der Ruf vibriert durch den ganzen Körper – und weiter, durch die Täler und über die Gipfel. Felsen und Erdboden beben beim Klang seiner Stimme. Alle Menschen, ja alle Geschöpfe halten plötzlich mit ungeteilter Aufmerksamkeit inne. Diesem Klang kommt dann ein weiterer hinzu, »die Stimme des Erzengels«.

Wie klingt ein Erzengel? Auf jeden Fall ist es ein Klang aus einer anderen Welt. Er gleicht keinem Geräusch eines Erdenwesens, auch keinem Musikinstrument. Ich stelle mir diese Stimme als einen mächtigen Schall vor, der sich um den ohnehin schon überwältigenden Ruf des Messias herumwebt. Ist diese Stimme schön? Melodisch? Wir wissen es nicht. Dann kommt der dritte und letzte Schall, »die Posaune Gottes«. Das ist nicht das Blechblasinstrument einer Militärkapelle oder aus einem Sinfonieorchester. Es ist der uralte Ruf des Widderhorns, der Ruf aus dem Schofar, in all seiner unheimlichen und durchdringenden Heiligkeit.

Der Messias, der Erzengel, das Schofar Gottes. Dieses himmlische Trio bringt alle Geräusche, ja alle Aktivität auf dem Planeten Erde zu einem plötzlichen Halt. Alle Geschöpfe, Mensch und Tier, werden still, ihre Augen werden unwiderstehlich Richtung Himmel gezogen. Stellen Sie sich vor, Sie wären dort. Was würden Sie sehen? Die dunklen Wolken des Konflikts sind fort. Das Licht – heller, reiner und strahlender als alles, was Sie je gesehen haben – dringt Ihnen nicht nur in die Augen, sondern bis in die tiefste Seele. Unzählige Engel und Menschen füllen den Himmel. Aber alle Augen fixieren sich auf die große Hoffnung, den Messias.

> »Und ich sah den Himmel geöffnet, und siehe, ein weißes Pferd, und der darauf saß, heißt Treu und Wahrhaftig, und er richtet und führt Krieg in Gerechtigkeit. Seine Augen aber sind eine Feuerflamme, und auf seinem Haupt sind viele Diademe, und er trägt einen Namen geschrieben, den niemand kennt als nur er selbst; und er ist bekleidet mit einem in Blut getauchten Gewand, und sein Name heißt: Das Wort Gottes. Und die Kriegsheere, die im Himmel sind, folgen ihm auf weißen Pferden, bekleidet mit weißer, reiner Leinwand. Und aus seinem Mund geht ein scharfes Schwert hervor, damit er mit ihm die Nationen schlage; und er wird sie hüten mit eisernem Stab, und er tritt die Kelter des Weines des Grimmes des Zornes Gottes, des Allmächtigen. Und er trägt auf seinem Gewand und an seiner Hüfte einen Namen geschrieben: König der Könige und Herr der Herren.« (Offenbarung 19,11-16)

Eine solche Vision mit all dem blendenden Licht der himmlischen Herrlichkeit wird den Konflikt auf der Erde nicht nur unterbrechen. Sie erringt augenblicklich den größten militärischen Sieg in der gesamten Menschheitsgeschichte. Sacharja beschreibt die Waffe Gottes als so etwas wie einen nuklearen Sprengkopf. Er hat aber nur auf diejenigen eine Wirkung, die die Armeen des Antichrist bilden.

> »Und dies wird die Plage sein, mit der der HERR alle Völker plagen wird, die gegen Jerusalem in den Krieg gezogen sind: Er lässt jedem sein Fleisch verwesen (o. sich auflösen), während er noch auf seinen Füßen steht, und seine Augen werden verwesen (sich auflösen) in ihren Höhlen, und seine Zunge wird in seinem Mund verwesen (sich auflösen). Und es wird geschehen an jenem Tag, da wird eine große Verwirrung von dem HERRN unter ihnen entstehen, so dass einer des anderen Hand packen und sich seine Hand gegen die Hand seines Nächsten erheben wird.« (Sacharja 14,12-13)

Der Krieg wird vorbei sein, noch bevor der Messias die Erde erreicht. Während er noch von den Wolken herabsteigt, werden alle Angreifer Israels in einem einzigen Augenblick vernichtet. Und wenn der Messias seinen Fuß auf diesen Planeten setzt, verändert sich die gesamte Topografie des Nahen Ostens. Wenn er auf den Ölberg östlich der Stadt Jerusalem niedersteigt, lässt die bloße Berührung seines Fußes den Berg in zwei Teile bersten.

Alles, was folgt, ist übernatürlich, beinahe jenseits des menschlichen Fassungsvermögens. Die Wüstenregion östlich und südlich, die als Gebiet des Toten Meeres bekannt ist, verwandelt sich umgehend in einen Garten mit Flüssen und Blumen und Tieren. Allein schon die Gegenwart des Messias verwandelt diese gequälte, vom Krieg zerrüttete Welt in einen Ort des Friedens und der Ruhe. Aber es ist nicht nur der Planet, der sich verändert hat. Auch die Menschen sind verändert. Israel, so lange im Unglauben, erkennt nun seinen Messias:

> »Aber über das Haus David und über die Bewohnerschaft von Jerusalem gieße ich den Geist der Gnade und des Flehens aus, und sie werden auf mich blicken, den sie durchbohrt haben, und werden über ihn wehklagen, wie man über den einzigen Sohn wehklagt, und werden bitter über ihn weinen, wie man bitter über den Erstgeborenen weint ... An jenem Tag wird für das Haus David und die Bewohner von Jerusalem eine Quelle geöffnet sein gegen Sünde und gegen Befleckung.« (Sacharja 12,10; 13,1)

Er ist der Durchbohrte. Sein Name ist Jeschua. Jesus. Der eine, dessen Geburt und Tod die Zeit einteilt, nach der die Geschichte der Menschheit gemessen wird. Das Volk Israel hat sich 2.000 Jahre lang von Jeschua abgewandt. Wenn er aber wiederkommt, wird sich niemand mehr abwenden. Die ganze Welt wird ihn als König Israels und Retter der Welt anerkennen. Er wird Juden und Nichtjuden gemeinsam in sein Königreich auf der Erde bringen. (Mehr darüber im folgenden Kapitel.)

Der wiederkommende Messias ist unsere große Hoffnung. Er ist die Dämmerung, die nach der dunkelsten Stunde kommt. Aber sein Weg ist mit Leiden gepflastert. Der mit den Wolken des Himmels in Macht und Herrlichkeit wiederkommen wird, musste erst auf dem Fohlen einer Eselin kommen. Der den Erdkreis richten wird, musste erst als Opfer für Sünde sterben. Und auch die Welt wird große Leiden erdulden, bevor er wiederkommt, um den Rest zu erlösen, der nicht in der Mutter aller Kriege verloren gegangen ist.

Alle, die jetzt »zwischen« den Zeiten des ersten und des zweiten Kommens des Messias leben, müssen eine Entscheidung treffen und können eine Gelegenheit wahrnehmen. Jesus hat schon seit jeher Leben verändert. Er hat diejenigen gerettet, die sehen konnten, wie sehr sie Gottes Vergebung brauchen. Er hat diejenigen erlöst, die sein Opfer anerkennen, das er als Sühne für unsere Sünde gebracht hat.

9 Dein Reich komme

Was sagt die Bibel über das messianische Zeitalter?

> »Und der HERR wird König sein über die ganze Erde; an jenem Tag wird der HERR einzig sein und sein Name einzig.« (Sacharja 14,9)

Es ist interessant, wie Menschen ihre Autos benutzen, um ihren Hoffnungen und Träumen – nebst anderen Dingen – Ausdruck zu verleihen. Ein in den USA beliebter Aufkleber trägt die Worte: »Visualisiert den Weltfrieden«. Andererseits gibt es auch Anti-Aufkleber, die ein solches Ansinnen zynisch kommentieren. Wie könnten wir durch unsere bloße Willenskraft etwas so Großes, aber Illusorisches wie weltweiten Frieden herbeiführen?

Tief im Herzen jedes Menschen verbirgt sich das bleibende Bewusstsein, dass die Dinge nicht so sind, wie sie sein sollten. Viele klammern sich immer noch an die Hoffnung, dass sich eines Tages die Lage irgendwie verändern wird. Friede werde kommen. Die Annahme, Menschen könnten Frieden schaffen, indem sie es nur wollten und darüber nachdächten, erscheint bestenfalls idealistisch. Aber es gibt einen, bei dem der Wille ausreicht, um Frieden zur Realität zu machen: Gott. Und er hat verheißen, das zu tun.

Stellen Sie sich vor, alle Ihre besten und edelsten Wünsche, wie die Welt sein sollte, könnten wahr werden – Gerechtigkeit für jeden, kein Hunger mehr, keine Obdachlosigkeit, keine Kriminalität. Stellen Sie sich vor, dass alles Böse in der Welt von einer generellen Entschlossenheit ersetzt wird, das Richtige zu tun, einander zu respektieren. Stellen Sie sich eine aufblühende Kreativität vor, in der es ganz neue Ebenen der Musik, Kunst und Dichtung gibt. Was Sie sich vorstellen, hat in der Vergangenheit schon verschiedene Namen erhalten: Utopia, die beste aller möglichen Welten, Himmel auf Erden. Die Bibel nennt es das Königreich Gottes. Es ist der Morgen des Tags des HERRN.

Manche Menschen glauben, dass, wenn der Messias kommt, er uns alle sofort in die Ewigkeit befördern werde. Ich bin überzeugt, dass er zuerst das Reich Gottes auf dieser Erde aufrichten wird: ein Königreich, in dem die ganze Welt tausend Jahre seiner friedlichen Herrschaft erlebt. Diese tausendjährige Herrschaft des Messias auf der Erde wird gewöhnlich als »das tausendjährige (Friedens-)Reich« bezeichnet.

Erfüllte Verheißungen, gerechtfertigte Hoffnung

Das tausendjährige Friedensreich bringt einige besondere Vorkehrungen für Israel mit sich. Gott hat dem jüdischen Volk einige Verheißungen geschenkt, die sich noch nicht erfüllt haben. Und ein Teil seiner Absicht in diesem Reich wird es sein, diese Versprechen einzulösen. Zum Beispiel:

> »An jenem Tag schloss der HERR einen Bund mit Abram und sprach: Deinen Nachkommen habe ich dieses Land gegeben, vom Strom Ägyptens an bis zum großen Strom, dem Euphratstrom.« (1. Mose 15,18)

Das von Gott verheißene Land hatte sehr klar definierte Grenzen – vom Strom Euphrat bis zu dem Fluss, der »Strom Ägyptens« genannt wird. Der Strom Ägyptens ist nicht der Nil. Gemeint ist ein Fluss oder ein Wadi, das mitten durch die Sinai-Halbinsel führt. Israel hat niemals dieses ganze Territorium besessen. Aber Gott hat Abraham und seinen Nachkommen das Land zugesagt, und Gott hält immer seine Versprechen. Die Propheten schauten in eine Zeit voraus, in der diese Prophetie erfüllt sein wird. Darauf können auch wir uns freuen (siehe Jesaja 27,12).

Gott hatte auch David ein Versprechen gegeben: seinen Thron für ewig zu festigen:

> »Einen Bund habe ich mit meinem Auserwählten geschlossen, habe David, meinem Knecht, geschworen: ›Bis in Ewigkeit will ich deiner Nachkommenschaft Bestand geben und für alle Geschlechter bauen deinen Thron‹ … Einmal habe ich geschworen bei meiner Heiligkeit – wie könnte ich David täuschen! – Seine Nachkommenschaft soll ewig sein und sein Thron wie die Sonne vor mir. Wie der Mond wird er ewig feststehen. Der Zeuge in den Wolken ist treu.« (Psalm 89,4-5.36-38)

Nur der Messias, der ja Nachkomme Davids ist, kann diese Verheißung erfüllen. Die Propheten schauten voraus zu einer Wiederaufrichtung des Thrones Davids auf der Erde:

»An jenem Tag richte ich die verfallene Hütte Davids auf, ihre Risse vermauere ich, und ihre Trümmer richte ich auf, und ich baue sie wie in den Tagen der Vorzeit ...« (Amos 9,11)

Und schließlich haben wir Verheißungen über einen neuen Bund, den Gott mit Israel zu schließen versprochen hat:

»Siehe, Tage kommen, spricht der HERR, da schließe ich mit dem Haus Israel und mit dem Haus Juda einen neuen Bund: Nicht wie der Bund, den ich mit ihren Vätern geschlossen habe an dem Tag, als ich sie bei der Hand fasste, um sie aus dem Land Ägypten herauszuführen, – diesen meinen Bund haben *sie* gebrochen, obwohl ich doch ihr Herr war, spricht der HERR. Sondern das ist der Bund, den ich mit dem Haus Israel nach jenen Tagen schließen werde, spricht der HERR: Ich werde mein Gesetz in ihr Inneres legen und werde es auf ihr Herz schreiben. Und ich werde ihr Gott sein, und *sie* werden mein Volk sein. Dann wird nicht mehr einer seinen Nächsten oder einer seinen Bruder lehren und sagen: Erkennt den HERRN! Denn sie alle werden mich erkennen von ihrem Kleinsten bis zu ihrem Größten, spricht der HERR. Denn ich werde ihre Schuld vergeben und an ihre Sünde nicht mehr denken.« (Jeremia 31,31-34)

Wer von uns glaubt, dass Jesus der Messias ist, glaubt damit, dass dieser neue Bund aufgerichtet worden ist. Gott hat seine Verheißung an uns als Einzelne erfüllt. Dennoch wird sich die vollständige Erfüllung dieses Bundes nicht verwirklichen, bis alle Menschen den Herrn erkennen.

Der Prophet Habakuk zeichnet ein wunderbares Bild von diesem erstaunlichen Phänomen:

»Denn die Erde wird davon erfüllt sein, die Herrlichkeit des HERRN zu erkennen, wie die Wasser den Meeresgrund bedecken.« (Habakuk 2,14)

Gerechtigkeit im Königreich: ein Ende der Furcht

Eine weitere Absicht Gottes wird der Messias in dieser tausendjährigen Herrschaft auf der Erde erfüllen: Er wird vollkommene Gerechtigkeit zeigen.

»Er wird sein Wohlgefallen haben an der Furcht des HERRN. Er wird nicht richten nach dem, was seine Augen sehen, und nicht zurechtweisen nach dem, was seine Ohren hören, sondern er wird die Geringen richten in Gerechtigkeit und die Elenden des Landes zurechtweisen in

Geradheit. Und er wird den Gewalttätigen schlagen mit dem Stab seines Mundes und mit dem Hauch seiner Lippen den Gottlosen töten.« (Jesaja 11,3-4)

Nehmen Sie sich wieder einen Augenblick Zeit, um sich vorzustellen, wie dadurch alles verändert wird. Die ganze Menschheit sehnt sich nach Gerechtigkeit. Wenn heutzutage Menschen rechtliche Probleme haben, konsultieren sie einen Rechtsanwalt. Dann ziehen sie vor Gericht und hoffen, dass ihr Anwalt besser ist als der des Gegners – dass er den Richter überzeugen kann, zu ihren Gunsten zu entscheiden. Der Messias wird das Rechtssystem umkrempeln. In Gottes Friedensreich gehen Menschen zum Richter, weil sie herausfinden möchten, was richtig ist, und nicht, weil sie herausfinden wollen, ob der Richter auf ihrer Seite ist. Seine Gerechtigkeit wird vollkommen und gerecht sein. Wie oft sagen Menschen: »Das ist ungerecht!« Dieser Satz wird aus unserem Wortschatz verschwinden. Unser kommender König wird gleichmäßig und sofort echte Gerechtigkeit üben.

Und wie sieht es mit einem Ende der Kriminalität aus? Die Unmenschlichkeit des Menschen gegen den Menschen spielt sich tagtäglich in den großen (und nicht so großen) Städten unserer Welt ab. Raub, Vergewaltigung und Mord sind Alltagsereignisse, und viel zu viele Menschen leben in Angst und Furcht. Wie oft werden wir von unseren Ängsten gelenkt? Sie gehen eine dunkle Straße entlang und hören Schritte hinter sich. Plötzlich fühlen Sie sich, als hätten Sie einen Knoten im Magen. Angst. Oder: Ihr Kind spielt bei einem Nachbarn am anderen Ende der Straße und kommt nicht pünktlich nach Hause. Sie rufen beim Nachbarn an. Aus Ihrer Stimme klingt Sorge, ja eine Spur von Panik.

Im Königreich gibt es keinen Grund mehr, sich zu fürchten. Selbst die kleinen Unpässlichkeiten des Lebens, die uns Angst verursachen, werden verschwinden. Denn der Messias bringt einen vollkommenen Frieden.

»Und sie werden sitzen, jeder unter seinem Weinstock und unter seinem Feigenbaum, und niemand wird sie aufschrecken. Denn der Mund des HERRN der Heerscharen hat geredet.« (Micha 4,4)

Eine Welt des Wandels

Und nicht nur das soziale Gefüge wird verwandelt. Die Erde wird so sein, wie der Garten Eden einmal war. Die Natur selbst ist wiederhergestellt. Umweltschutzorganisationen wie Greenpeace werden überflüssig. Die Feindschaft zwischen Mensch und Tier – und sogar zwischen den Tieren untereinander – ist abgeschafft.

> »Und der Wolf wird beim Lamm weilen und der Leopard beim Böckchen lagern. Das Kalb und der Junglöwe und das Mastvieh werden zusammen sein, und ein kleiner Junge wird sie treiben. Kuh und Bärin werden miteinander weiden, ihre Jungen werden zusammen lagern. Und der Löwe wird Stroh fressen wie das Rind. Und der Säugling wird spielen an dem Loch der Viper und das entwöhnte Kind seine Hand ausstrecken nach der Höhle der Otter.« (Jesaja 11,6-8)

Darüber hinaus wird der Messias Tragik und Furcht ausmerzen. Mussten Sie schon einmal zuschauen, wie ein geliebter Mensch von einer tödlichen Krankheit wie Krebs gequält wurde? Oder noch schlimmer – wie das Leben eines jungen Menschen endete, noch bevor er das Erwachsenenalter erreicht hatte? Solche Schmerzen und Leiden werden aus dem Königreich des Messias verbannt, wie der Prophet Jesaja vorausgesagt hat:

> »Und es wird dort keinen Säugling mehr geben, der nur wenige Tage alt wird, und keinen Greis, der seine Tage nicht erfüllte. Denn der Jüngste wird im Alter von hundert Jahren sterben, und wer das Alter von hundert Jahren nicht erreicht, wird als verflucht gelten.« (Jesaja 65,20)

Auch die geistliche Ordnung wird im Friedensreich umgewandelt. Religion ist nicht länger Ansichtssache. Heute wetteifern die Fürsprecher einer wahren Heerschar von Religionen um die Aufmerksamkeit und die Herzen der Menschen. Selbst Anhänger derselben Religion stimmen untereinander in einer Vielzahl theologischer Themen nicht überein. Aber wenn Jeschua wiederkommt, werden alle derartigen Debatten ein Ende finden. Es wird keine Unklarheiten oder Diskussionen mehr darüber geben, wer Recht und wer Unrecht hat. Wir werden alle die ganze Wahrheit kennen.

> »Man wird nichts Böses tun noch verderblich handeln auf meinem ganzen heiligen Berg. Denn das Land wird voll von Erkenntnis des HERRN sein, wie von Wassern, die das Meer bedecken.« (Jesaja 11,9)

Diese Erkenntnis wird in einem erstaunlichen und einheitlichen Gottesdienst ihren Ausdruck finden, der in Jerusalem sein Zentrum hat – in einem brandneuen Tempel. Der Prophet Hesekiel beschreibt diesen erstaunlichen Ort der Anbetung in den Kapiteln 40-48 seines Buches. Auf vielerlei Weise wird er den vorherigen Tempeln in Jerusalem ähneln: Es wird einen Vorhof, einen Innenhof, eine Pforte, ein Heiligstes und ein Allerheiligstes geben. Es gibt Holzvertäfelungen, Palmbäume und Cherubim wie in den vorherigen Tempeln. Aber im Allerheiligsten gibt es keine Lade, keinen Gnadenstuhl, keinen Vorhang, keinen Hohenpriester – nur den Tisch mit den Schaubroten. Es gibt noch weitere verblüffende Unterschiede. Der Tempel selbst wird riesengroß sein – mehr als 2,5 Quadratkilometer. Innerhalb dieses Tempels gibt es einen Thron und – man stelle sich vor! – einen Fluss. Dieser Fluss fließt aus dem Tempel heraus bis hinab zum Toten Meer. Und er wird das Tote Meer lebendig machen!

Die Gegenwart eines Thrones im Tempel ist von größter Bedeutung. Er zeigt eine theokratische Regierungsform an – Gott ist der Regent. Die USA wie die meisten westlichen Staaten sind äußerst darum besorgt, die Trennung von Kirche und Staat aufrechtzuerhalten. Die Angst, beide miteinander zu vermischen, entstammt einer langen Reihe von Verfolgungen aus religiösen Motiven. Wenn eine Regierung sich von einer Religion leiten ließ, haben alle, die nicht Anhänger der vorherrschenden Religion waren, gelitten. Solche Sorgen sind im Königreich Gottes nicht mehr nötig. Es gibt keine Minderheitsreligionen, weil alle den einen wahren Gott anbeten!

Was Menschen in unserer Gesellschaft möglicherweise nur schwer begreifen können: Wenn der Messias seine Herrschaft und sein Königtum antritt, ist Religionsfreiheit unbedeutend. Genauso unbedeutend ist dann das Konzept der Demokratie.

Das klingt für manche Menschen vielleicht erschreckend – aber nur, weil wir den wahren Zweck von Religion und Regierung sowie die Bedeutung von Freiheit aus dem Auge verloren haben.

Es ist nicht der Sinn der Religion, dass darin unsere Individualität oder unsere Vorlieben Gestalt gewinnen, obwohl viele Menschen heutzutage Religion eben dafür gebrauchen. Viele meinen, sie müssten sich eine Religion aussuchen, die am ehesten ihrer Persönlichkeit und/oder ihren Wertvorstellungen entspricht. Aber die eigentliche Funktion von Religion ist es, ein Medium zu sein, durch das wir mit Gott in Beziehung treten können. Um eine Beziehung zu Gott zu haben, müssen wir die Wahrheit dessen entdecken und akzeptieren, was er von uns möchte und erwartet.

Genauso ist es nicht der Zweck einer Regierung, die Menschen eines unabhängigen Staates festlegen zu lassen, was in ihrer Gesellschaft annehmbar oder unannehmbar ist. In den Vereinigten Staaten glaubt man, Demokratie sei die beste Möglichkeit für unvollkommene Menschen, vor dem Recht füreinander verantwortlich zu sein. Wir Amerikaner haben die Monarchie abgelehnt, weil wir glaubten, dass absolute Macht auch absolut korrumpiert.

Solche Schlussfolgerungen gelten nicht für das Königreich Gottes, weil der Alleinherrscher dort gar nicht korrumpiert werden kann. Und er ist auch der rechtmäßige Empfänger aller Anbetung. Der auf dem Thron im Tempel sitzt, ist der eine, der über alle Nationen herrscht. Und die Völker der Erde werden erkennen, dass dies sein rechtmäßiger Platz ist. Die globale Freiheit, die die Nationen erfahren werden, ist die Freiheit, vor den Heiligen Israels zu treten – die Freiheit, loyale Untertanen eines weisen und liebenden Königs zu sein, der immer treu und gerecht ist.

Dieser Tempel ist nicht nur für das jüdische Volk bestimmt. Er ist der Ort der Anbetung für alle Völker der Welt.

> »Und es wird geschehen am Ende der Tage, da wird der Berg des Hauses des HERRN feststehen als Haupt der Berge und erhaben sein über die Hügel; und alle Nationen werden zu ihm strömen. Und viele Völker werden hingehen und sagen: Kommt, lasst uns hinaufziehen zum Berg des HERRN, zum Haus des Gottes Jakobs, dass er uns aufgrund seiner Wege belehre und wir auf seinen Pfaden gehen! Denn von Zion wird Weisung ausgehen und das Wort des HERRN von Jerusalem.« (Jesaja 2,2-3)

Das Schicksal Israels

Der tausendjährige Tempel wird Gottes Verheißung endgültig und vollständig erfüllen, dass durch Abraham alle Geschlechter der Erde gesegnet werden sollen. Jesus schaute auf diesen Tag voraus, als er das erste Mal auf der Erde wandelte. Er sagte über den zukünftigen Tempel in Jerusalem: »Mein Haus wird ein Bethaus genannt werden« (Matthäus 21,13).

Die Bibel lässt klar erkennen, das Israel Gottes auserwähltes Volk ist – sein Augapfel, sein Ausgesonderter. Menschen kämpfen damit, selbst jüdische Menschen scheinen Angst zu haben, diese Vorstellung zu akzeptieren. Sie kommt einem so ethnozentrisch, so unausgewogen, so arrogant vor. Warum sollte Israel denn als etwas Besonderes gelten? Es ist für Juden und Nichtjuden hilfreich, zu lesen, was die Bibel über diese »Auserwähltheit« zu sagen hat. So wird es möglich, dass beide Gruppen die Bestimmung Israels mit einer Einstellung der Demut zur Kenntnis nehmen.

Die Bibel weist darauf hin, dass Gott Israel nicht etwa erwählt hat, weil wir so ein großartiges Volk waren, sondern vielmehr, weil der Gott Israels ein großartiger Gott ist – ein Gott, der aus seinen eigenen Beweggründen ein kleines und anscheinend unbedeutendes Volk gebrauchen wollte, damit es sein Licht in die Welt tragen sollte. Er schenkte Abraham, Isaak und Jakob besondere Verheißungen. Und während der Fokus seiner Versprechungen eng erscheinen mag, so war doch deren Ausrichtung immer universal gemeint (»In dir sollen gesegnet werden alle Geschlechter auf Erden«).

Im Königreich Gottes wird der Segen Israels zum Segen werden, den Israel mit allen Nationen der Welt teilt. Ja, Gott wird nicht nur das Glück Jakobs wieder herstellen, sondern auch das der *Gojim* – der Völker. Eines der schönsten Beispiele dafür ist Gottes Verheißung, zwei Nationen, die Israels Erzfeinde waren, in den Segensstatus Israels zu versetzen.

> »An jenem Tag wird es eine Straße von Ägypten nach Assur geben. Assur wird nach Ägypten und die Ägypter nach Assur kommen, und die Ägypter werden mit Assur dem HERRN dienen.« (Jesaja 19,23)

Was für eine gewaltige Vision. Diese kriegerischen Nationen werden die Segnungen Gottes mit Israel gleichberechtigt teilen. Visualisiere den Weltfrieden? Die Bibel hat es getan. Dieser Friede wird das Königreich Gottes genannt und ist schöner, als Worte es beschreiben können. Wenn Sie die Vision dessen, was kommt, begreifen, können Sie die Bedeutung dessen ermessen, was Jeschua meinte, als er seine Nachfolger zu beten lehrte: »Dein Reich komme; dein Wille geschehe, wie im Himmel so auch auf Erden« (Matthäus 6,10).

10 Der Oberste Gerichtshof

Gibt es ein Endgericht?

»Der HERR steht da zum Rechtsstreit, und er tritt auf, um die Völker zu richten.« (Jesaja 3,13)

»Wie können Sie es wagen, mich zu richten!« Die meisten Menschen haben das schon gesagt oder gesagt bekommen. Und selbst, wenn wir es nicht laut sagen – wer von uns geht nicht auf die Barrikaden, wenn er spürt, dass ihn jemand richtet? In unserer postmodernen Welt ist es so ziemlich die schlimmste Beleidigung, jemandem zu sagen, er sei »richtend«.

Gericht. Urteil. Schon die Worte lassen schlimme Vorstellungen und unangenehme Gefühle entstehen. Wir wollen es gern vermeiden, uns richten und beurteilen zu lassen. Und wir wollen niemanden zu der Annahme bringen, dass wir ihn richten bzw. beurteilen. Und dennoch sprechen wir von Kindheit an das ganze Leben lang ein Urteil nach dem anderen aus. »Aber du hast es doch versprochen!« »He, warum stellen Sie sich nicht hinten an wie alle andern auch?« »Du bist unfair.« »Lass ihn in Ruhe, er macht doch nichts.« Jede dieser Aussagen legt einen Maßstab an, anhand dessen wir Handlungen und Haltungen anderer bewerten können oder vielleicht sogar sollten.

Ist alles relativ?

Viele Menschen sagen, die Normen »richtig« und »falsch« seien subjektiv und ließen sich nicht auf alle Völker und Kulturen anwenden – »meine Wahrheit ist nicht unbedingt deine Wahrheit«. Ist wirklich alles relativ? Sicherlich gibt es bestimmte kulturelle oder gesellschaftliche Konventionen, die von einer Gesellschaft zur anderen variieren, Konventionen, die für die zu einer bestimmten Kultur Zugehörigen dermaßen bindend sind, dass sie von ihnen fälschlicherweise für allgemeine Wahrheiten gehalten werden. Die Tatsache, dass solche relativen Normen existieren, heißt jedoch nicht, dass *alle* Normen relativ sind. Viele Menschen bestehen auf dem relativen Charakter der Begriffe »richtig« und »falsch«. Aber tief in unserem Innersten wissen wir es alle besser.

Welche Gesellschaft würde schon Feigheit bewundern oder fördern? In welchem Umkreis wäre es schon lobenswert, wenn Familienmitglieder und Freunde einander betrügen und das gegenseitige Vertrauen missbrauchen? In jeder Gesellschaft werden bestimmte Dinge als richtig und andere als falsch anerkannt. Damit ist nicht gemeint, dass »richtig« und »falsch« auf den kleinsten gemeinsamen Nenner zwischen Kulturen beschränkt oder durch diesen bestimmt werden können. Dennoch: Die Tatsache, dass es einen solchen Nenner gibt, weist darauf hin, dass Menschen durchaus das haben, was als inneres Gespür für ein »Sollen«, für das also, was man tun soll, beschrieben worden ist. Woher kommt dieses innere Gespür?

Einige sagen, es handele sich um bloßen Instinkt. Wir lernen, zum Selbstschutz gewissen Richtlinien zu folgen. Andere würden hinzufügen, dass wir in unserer Gesellschaft einen unausgesprochenen Vertrag mit anderen Menschen abschließen. Man brauche ein Gespür fürs »richtige« Benehmen, um die Gesellschaft zu bewahren. Und weil wir in Beziehung zu anderen lebten, seien unsere Instinkte, die Gesellschaft zu schützen, in Wirklichkeit Instinkte, um uns selbst zu schützen.

Aber ist dieses Gespür dafür, was man tun sollte, wirklich bloß eine Angelegenheit der Selbsterhaltung? Stellen Sie sich vor, Sie sitzen bei Sturm in einem Boot. In der Nähe sehen Sie einen Ertrinkenden. Das Wasser wirbelt um Sie herum. Und Sie wissen: Wenn Sie hineinspringen, könnten Sie durchaus sterben. Ihr Selbsterhaltungstrieb schreit Ihnen zu: »Bleib im Boot!« Aber was spüren Sie noch? Sie spüren, dass Sie diesem Ertrinkenden helfen *sollten*. Niemand ist da, der etwas von Ihnen erwartet oder Sie anklagt, wenn Sie im Boot bleiben. Und dennoch können Sie einfach nicht anders: Sie fühlen, dass Sie das genaue Gegenteil von dem tun sollten, was in Ihrem eigenen Interesse liegt. Ist das nicht seltsam?

Wir haben durchaus ein Gespür dafür, was man tun sollte – Normen in Bezug auf »richtig« und »falsch«, die wir von Geburt an kennen und anhand derer wir uns selbst und andere beurteilen. Dieses innere Bewusstsein in Bezug auf »richtig« und »falsch«

weist auf den hin, der Maßstab für alles Richtige und Richter alles Falschen ist: auf den Schöpfer – den Gott der Bibel. Gott ist die Quelle unseres Moralempfindens; deshalb hat er uns mit diesem Gespür ausgestattet. Und wenn Sie bedenken, dass Gott das mächtigste Wesen im Universum ist: Kann man dann nicht geradezu froh darüber sein, dass er Richtlinien in Bezug auf »richtig« und »falsch« hat?

Wenn wir sagen, dass wir uns nicht richten oder beurteilen lassen wollen, heißt das nicht, dass uns nicht an der Einhaltung der Prinzipien von »richtig« und »falsch« gelegen ist. Normalerweise meinen wir damit, dass wir einfach nicht daran glauben, dass ein anderer das Recht hat, zu sagen, dass wir Unrecht haben.

Gericht: Wer braucht es?

Wenn Menschen uns beurteilen, spüren wir: Die erheben sich auf unsere Kosten über uns. Es fällt uns schwer, die Defizite anderer zu ignorieren, aber wenn jemand unsere Handlungen oder gar Einstellungen beurteilt und sie als mangelhaft ansieht, fühlen wir uns schlecht behandelt. Wir verabscheuen Heuchelei bei anderen, neigen aber dazu, unsere eigenen Ungereimtheiten wegzuerklären. Wir alle wollen auf jeden Fall Recht haben.

Es ist nicht schlecht, wenn man Recht haben möchte. Wir wurden im Ebenbild Gottes geschaffen. Vielleicht ist das der Grund, aus dem wir so danach hungern, uns selbst als gut zu sehen. Das Problem ist, dass wir lieber die Maßstäbe im Hinblick auf »richtig« und »falsch« verbiegen und verdrehen, als (und wenn auch nur vor uns selbst) zuzugeben, dass wir, an ihnen gemessen, kläglich versagen. Einige unserer von uns selbst akzeptierten inneren Einstellungen und Taten entsprechen ganz und gar nicht den Maßstäben Gottes. Das meint die Bibel, wenn sie von Sünde spricht. Sünde ist nicht einfach das Begehen einer Handlung, die nach gesellschaftlichen Maßstäben inakzeptabel ist; Sünde ist auch nicht der Verstoß gegen unsere eigenen Prinzipien. Sünde besteht darin, dass wir Gottes Maßstäben nicht entsprechen: manchmal dadurch, dass wir unsere Unabhängigkeit von Gott erklären und sagen, wir bräuchten seine Maßstäbe und seine Zustimmung gar nicht. Manchmal wird Sünde durch die bloße Annahme, wenn nicht gar die felsenfeste Behauptung untermauert, Gott befürworte unsere Normen, ohne dass wir uns aber je bemüht hätten, eine Bestätigung dafür zu finden… und ohne herausfinden zu wollen, ob er vielleicht unsere Maßstäbe nicht gutheißt.

Was soll ein heiliger Gott tun?

Im Gegensatz zu so manchem Menschen macht es Gott keine Freude, uns zu richten. Er muss sich nicht erheben, indem er andere erniedrigt. Schließlich ist Gott über alle erhoben und sein Selbstverständnis ist über jedes Urteil erhaben. Er richtet nicht aus einem Verlangen, auf uns herabzuschauen; er liebt uns und möchte von Herzen gern, dass wir gerecht und fehlerlos sind. Leider sind wir das aber einfach nicht – und Gott kann unsere Sünde keineswegs so behandeln, als spiele sie keine Rolle. Das würde seiner Gerechtigkeit und Heiligkeit widersprechen. Aufgrund dieser Gerechtigkeit, dieser Heiligkeit muss Gott die Verfehlungen zurechtrücken und die Bösen bestrafen.

Viele Menschen fragen sich, wie ein Gott der Liebe denn nur diese Art von Gericht (und sogar Zorn) ausgießen kann, die wir überall in der Bibel sehen. Wenn wir das aber durchdenken, könnten wir genauso gut fragen, wie ein liebender Gott *keinen* Zorn ausgießen kann. Unsere Gerichtssysteme, so unvollkommen sie auch sind, legen täglich fest, was richtig und falsch ist und teilen täglich Strafen aus. Wir alle sehen die Notwendigkeit der Rechtsprechung in der Gesellschaft ein. Ist Gott weniger fähig, festzulegen, was richtig und falsch ist, als unsere Gerichtshöfe? Liegt ihm weniger an Gerechtigkeit als Ihnen und mir?

Gottes Bereitschaft, wahre Rechtsprechung zu halten und echte Gerechtigkeit aufzurichten, ist Teil seines liebenden Wesens. Bosheit schreit nach Gericht. Schauen Sie sich all die Grausamkeiten an, die täglich in aller Welt begangen werden! Hören Sie sich die Nachrichten an! Menschen fügen einander schreckliches Leid zu. Unter den Opfern sind sogar die Schutzlosesten in unserer Gesellschaft: Kinder. Schreit nicht Ihr Innerstes auf und ruft: »Das muss aufhören! Diese Leute müssen dafür bezahlen, was sie getan haben!« Und sie werden dafür bezahlen. Denn wenn schon uns solche Exzesse und Missbräuche abscheulich und grässlich erscheinen, wie viel mehr dann einem heiligen und gerechten Gott?

Einige Menschen behaupten, das Böse in der Welt sei doch der Beweis dafür, dass Gott nicht existiere oder dass er nicht viel tun könne, um Gerechtigkeit zu schaffen. Aber die bloße Tatsache, dass wir das Böse als solches erkennen, weist auf die Existenz eines guten und gerechten Gottes hin, der uns mit einer gewissen Einsicht dafür geschaffen hat, wie die Dinge laufen sollten. Und Gott schafft Gerechtigkeit; manchmal schnell und manchmal mit Verzögerung.

In der gesamten jüdischen Überlieferung sehen wir Hinweise auf den Glauben an einen richtenden Gott; auch den Glauben an die Tatsache, dass ein endgültiges Gericht erfolgt, wenn wir unser Lebensende erreicht haben. Der hebräische Beerdigungsgottesdienst beginnt mit dem Segen: »*Baruch Ata Adonai Elohenu Melech haOlam Dajan haEmet...*« - »Gepriesen bist du, Herr unser Gott, König des Universums, der wahre Richter.« Der Autor des Hebräerbriefes im Neuen Testament formulierte es so: »Es [ist] den Menschen bestimmt, *einmal* zu sterben, danach aber das Gericht« (Hebräer 9,27). Oder, um es anders auszudrücken: Im Chor des Lebens kommt man vielleicht noch damit durch, wenn man nur die Lippen bewegt. Aber eines Tages ist die Aufführung zu Ende, und jeder und jede Einzelne von uns muss vor Gott ein Solo singen.

Gott hat also nicht nur das Recht, sondern – wenn man so will - die Pflicht, zu richten. Er gibt aber immer eine faire Vorwarnung für sein Gerichtshandeln und bietet uns geduldig eine Alternative – zumindest bis zu einem gewissen Punkt.

Hier kommt der Richter

Die Bibel beschreibt zwei Arten von Gericht. Erstens gibt es die zeitlichen Gerichte; sie können in Zeit und Raum stattfinden und dienen einem auf die Gegenwart begrenzten Zweck. Zweitens gibt es die Endgerichte – Handlungen Gottes mit dauerhaften Konsequenzen. Mit anderen Worten: Es sind ewige und unwandelbare Gerichte. Die Bibel erwähnt bei ihrer Beschreibung der Endzeit beide Arten von Gericht. Die zeitlichen Gerichte sind die katastrophenartigen Ereignisse, die die Welt während der großen Trübsal ereilen. Danach werden uns die Endgerichte, auch Throngerichte genannt, in die Ewigkeit hineingeleiten.

Viele sehen Gericht nur als Strafgericht an. Zwar stimmt es, dass Gott richtet, um Böses zu bestrafen; aber das ist nicht der Hauptgrund für sein Gericht. Gottes Gericht offenbart und bestätigt das Wesen Gottes. Seine moralische Vollkommenheit, seine Gerechtigkeit, sein Recht, seine Weisheit, Allwissenheit, Allmacht – all diese Dinge schreien auf gegen die Ungerechtigkeit, gegen das Unrecht, gegen die Dummheit und Verderbtheit, die wir um uns herum sehen. Gott muss diese Dinge richten, weil dies seinem Wesen entspricht. Gottes Gericht bestätigt vor der Erde und vor aller Ewigkeit, wer er ist.

Ein zweites Element des Gerichts ist Vergeltung: Es ist nicht nur Strafe vorgesehen, sondern es gibt auch Lohn. Ohne Strafe für Bosheit ist ein Lohn für Gerechtigkeit allerdings eine Farce. Wenn es keinen Lohn für Gerechtigkeit gibt, ist Strafe für Bosheit nichts als Tyrannei. Gottes Gericht zieht sowohl Gutes als auch Böses in Betracht. Gott ist nicht launisch. Er ist nicht willkürlich. Er legt einen beständigen Maßstab an, wenn er Verhalten und Herzenshaltung der Menschen dieser Welt beurteilt: sein eigenes Wesen.

Die biblische Beschreibung der zeitlichen Gerichte während der großen Trübsal kann mit einem Wandgemälde verglichen werden, das eine riesige Schlacht darstellt. Letztendlich handelt es sich um eine Schlacht zwischen Gott und Satan, bei der die Kriegshandlungen aber auf der Erde und zwischen Menschen geschehen. Einer der Schlüssel, wie wir die Gerichte verstehen können, ist, dass die Bibel sie aus *Gottes* Perspektive zeigt. Die Bibel beschreibt mehrere Menschen und Ereignisse so, dass wir ihre wahre Natur erkennen können. Beispielsweise beschreibt sie den Antichrist als »das Tier«. Aus Gottes Sicht ist das sein Wesen: ein Tier, das aus den Tiefen aufsteigt. Aber wie mag er vom menschlichen Standpunkt aus aussehen? Er wird angenommen und angebetet werden. Aus menschlicher Sicht ist der Antichrist eine Figur mit beeindruckender Ausstrahlung, ein intelligenter und weltgewandter Führer. Aber Gott warnt uns mit einer biblischen Sicht, die uns zeigt, was er wirklich ist. Das ist typisch dafür, wie die Bibel alle Endzeitgerichte beschreibt.

Ein weiteres Beispiel: Die Bibel beschreibt Heuschrecken, die aus der Tiefe kommen: schreckliche Monsterwesen mit Haaren und Zähnen. So etwas hat man noch nie zuvor gesehen. Diese Heuschrecken können keinem Menschen das Leben nehmen, aber wenn sie angreifen, verursachen sie derartige Schmerzen, dass die Menschen sterben wollen. Werden wir etwa solche Wesen sehen, die in der Trübsal Menschen angreifen? Nein, das werden wir nicht. Sie verkörpern dämonische Wesen, die für menschliche Augen unsichtbar sind; aber die von ihnen hervorgerufenen Leiden werden äußerst real sein.

Denken Sie an das Buch Hiob und wie wir all sein Leiden sowohl aus irdischer als auch aus geistlicher Perspektive sehen. Alle Ereignisse, die Hiob widerfahren, erscheinen ihm selbst als wie aus dem Nichts kommende Katastrophen. Aber im ersten Kapitel werden wir darin eingeweiht, dass sie Ergebnis eines geistlichen Konfliktes zwischen Gott und Satan sind. So ist es auch mit den Gerichten der Endzeit. Die Bibel stellt die himmlische Version dieser Ereignisse vor.

Gerichte in der Trübsal

Das Buch der Offenbarung berichtet über drei Gerichtsserien in der großen Trübsal: Jede Serie beinhaltet eine Folge von sieben Gerichten. Die Gerichte sind bekannt als die sieben Siegel, die sieben Posaunen und die sieben Schalen. Die meisten dieser zeitlichen Gerichte werden in Form von (Natur-)Katastrophen auftreten: Hungersnöte, Epidemien, Erdbeben, schreckliche Kriege und Krankheiten. Viele Menschen werden Zeugen dieser Gerichte und schreien in Buße zu Gott. Aber die Mehrzahl der Menschheit wird Gott für ihre Leiden verantwortlich machen, anstatt sich ihm zuzuwenden:

> »Und (sie) lästerten den Gott des Himmels wegen ihrer Schmerzen und wegen ihrer Geschwüre, und sie taten nicht Buße von ihren Werken.« (Offenbarung 16,11)

Genau wie die Bibel drei Serien zeitlicher Gerichte voraussagt, wird es auch drei getrennte Endgerichte geben, die zu verschiedenen Zeitpunkten stattfinden. Erstens gibt es den Richterstuhl des Messias; zweitens das Gericht über die Nationen; drittens das Gericht vor dem großen weißen Thron.

Der Richterstuhl des Messias

Der Richterstuhl des Messias ist das Gericht über Gläubige an Jeschua und geschieht nach der Entrückung, die im dritten Kapitel beschrieben ist.

»Denn wir müssen alle vor dem Richterstuhl Christi offenbar werden, damit jeder empfange, was er durch den Leib vollbracht, dementsprechend, was er getan hat, es sei Gutes oder Böses.« (2. Korinther 5,10)

Jeder Mensch, der sein Vertrauen auf Jeschua setzt – als Messias und als den, der die Sünden auf sich nimmt –, wird die Ewigkeit mit ihm im Himmel verbringen. Aber innerhalb dieser Kategorie von Menschen gibt es unterschiedliche Ebenen der Treue zu Gott. Diejenigen, die sich auf der Erde nur wenig mit dem Gehorsam Gott gegenüber beschäftigt haben, werden als mangelhaft befunden. Sie werden einen Platz im Himmel haben, erhalten aber keinen weiteren Lohn. Wer sein Leben treu für Gott gelebt hat, wird nicht nur für immer beim Herrn sein, sondern für seine Treue auch Lohn und Segen erhalten.

Gericht über die Nationen

Das zweite Gericht ist das Gericht über die Nationen. Es geschieht, wenn der Messias wiederkommt, um Israel am Ende der letzten Schlacht zu retten.

»Die Nationen sollen sich aufmachen und hinaufziehen ins Tal Joschafat! Denn dort werde ich sitzen, um alle Nationen ringsumher zu richten. Legt die Sichel an! Denn die Ernte ist reif. Kommt, stampft! Denn die Kelter ist voll, die Kelterkufen fließen über. Denn groß ist ihre Bosheit. Scharen über Scharen im Tal der Entscheidung; denn nahe ist der Tag des HERRN im Tal der Entscheidung. Die Sonne und der Mond verfinstern sich, und die Sterne verlieren ihren Glanz. Und der HERR brüllt aus Zion und lässt aus Jerusalem seine Stimme erschallen, und Himmel und Erde erbeben. Und der HERR ist eine Zuflucht für sein Volk und eine Feste für die Söhne Israel.« (Joel 4,12-16)

Das Gericht über die Nationen erfolgt am Ende der Trübsal und richtet sich an diejenigen, die zu dieser Zeit auf der Erde leben werden. Wer sich gegen den Messias stellt, wer sich mit dem Antichrist gegen Israel verbündet hat, wird gerichtet und »in den Abgrund« ausgeliefert. Dort werden diese Menschen bis zum Endgericht festgehalten. Diejenigen, die Jeschua in der Trübsalszeit als Messias angenommen haben, werden zu Bürgern seines Königreichs. Das Ergebnis dieses Gerichts ist die Errichtung der Königsherrschaft Gottes auf der Erde, das tausendjährige Friedensreich, das in Kapitel 9 beschrieben wird. Das ist die Zeit, in der wahres Recht, wahre Gerechtigkeit auf Erden aufgerichtet wird.

Endgericht: der große weiße Thron

Das letzte der endgültigen Gerichte wird als das »Gericht vor dem großen weißen Thron« bezeichnet.

> »Und ich sah einen großen weißen Thron und den, der darauf saß, vor dessen Angesicht die Erde entfloh und der Himmel, und keine Stätte wurde für sie gefunden. Und ich sah die Toten, die Großen und die Kleinen, vor dem Thron stehen, und Bücher wurden geöffnet; und ein anderes Buch wurde geöffnet, welches das des Lebens ist. Und die Toten wurden gerichtet nach dem, was in den Büchern geschrieben war, nach ihren Werken. Und das Meer gab die Toten, die in ihm waren, und der Tod und der Hades [d. h. das Totenreich] gaben die Toten, die in ihnen waren, und sie wurden gerichtet, ein jeder nach seinen Werken. Und der Tod und der Hades wurden in den Feuersee geworfen. Dies ist der zweite Tod, der Feuersee. Und wenn jemand nicht geschrieben gefunden wurde in dem Buch des Lebens, so wurde er in den Feuersee geworfen.« (Offenbarung 20,11-15)

Wer wird also laut dem Autor beim Gericht vor dem großen weißen Thron gerichtet? Menschen, die gestorben sind, ohne ihr Vertrauen auf Jesus gesetzt zu haben, werden für dieses Endgericht auferweckt. Alle Menschen, die während der Königsherrschaft des Messias auf der Erde leben, werden ebenfalls gerichtet. Auch Satan, der während der Königsherrschaft gebunden war und dann am Ende freigesetzt wurde, wird nun gerichtet. Am Schluss werden Tod und Hölle selbst gerichtet und in den Feuersee geworfen.

Das Buch des Lebens

Die Bibel teilt uns mit, dass beim Gericht vor dem großen weißen Thron ein sehr einfacher Test als Basis für das Urteil benutzt wird. Ein himmlisches Verzeichnis, »Buch des Lebens« genannt, enthält die Namen derer, die das Gericht nicht zu fürchten brauchen. Alle anderen sollten durchaus Angst haben. Das ist keine neue Vorstellung. An *Rosch haSchanna* (dem jüdischen Neujahrsfest) grüßen viele jüdische Menschen einander mit dem Satz: *LaSchanna tova tikatevu*, »Möge dein Name für ein gutes Jahr aufgeschrieben sein«. Dieser Satz deutet an: Wenn du in diesem Buch verzeichnet bist, ist dein Wohlergehen gesichert. Auch der Prophet Daniel spricht von diesem »Buch«:

> »Und in jener Zeit wird Michael auftreten, der große Fürst, der für die Söhne deines Volkes eintritt. Und es wird eine Zeit der Bedrängnis sein, wie sie noch nie gewesen ist, seitdem irgendeine Nation entstand bis zu jener Zeit. Und in jener Zeit wird dein Volk errettet werden, jeder, den man im Buch aufgeschrieben findet. Und viele von denen, die im Land des Staubes schlafen, werden aufwachen: die einen zu ewigem Leben und die anderen zur Schande, zu ewigem Abscheu.« (Daniel 12,1-2)

Das sieht klar aus: Entweder steht Ihr Name dort oder nicht. Und dadurch wird Ihre Ewigkeit entschieden. Aber wie schafft man es, dass man in dieses Buch des Lebens geschrieben wird?

Wenn wir mit unseren eigenen Verdiensten vor Gott stehen müssten, würde kein einziger unserer Namen im Buch des Lebens stehen. Denn keiner von uns ist gut genug, um in die Gegenwart eines vollkommenen und heiligen Gottes zu treten. Aber Jesus ist gekommen, um eine Sühnung zu vollziehen: um all unsere Sünden zuzudecken. Das hat er getan, indem er am Kreuz gestorben ist. Gott sieht diese Handlung als Bezahlung für unsere Sünden und unser Versagen an. Weil unser Messias der Heilige, der einzige Sohn Gottes ist, haben sein vollkommenes Leben und sein Sühnetod Sünde und Tod besiegt. Und deshalb ist er von den Toten auferstanden.

> »Jesus sprach zu ihr: Ich bin die Auferstehung und das Leben; wer an mich glaubt, wird leben, auch wenn er gestorben ist; und jeder, der da lebt und an mich glaubt, wird nicht sterben in Ewigkeit ...« (Johannes 11,25-26)

Wenn wir vor Gott stehen und nicht auf unsere eigene Gerechtigkeit vertrauen, sondern auf die Gerechtigkeit Jeschuas, dann werden wir nach seiner Gerechtigkeit gerichtet. Unsere Sünden sind bereits gerichtet und bezahlt worden, als er für uns gestorben ist. Wenn wir glauben und dieses Geschenk annehmen, werden wir diesen »zweiten Tod« durch Gottes Gericht nicht erleiden, sondern auf ewig bei ihm sein.

Sind Sie daran interessiert? Der einzige Haken an der Sache: Das Angebot ewigen Lebens ist zeitlich begrenzt – Sie müssen in diesem Leben eine Entscheidung treffen. Wenn Sie das getan haben, dürfen Sie sicher sein, dass Ihr Name im Buch des Lebens geschrieben steht. Ihr Zutritt in die Gegenwart des Schöpfers des Universums ist gesichert.

11 Ewigkeit

Wie sieht es mit Himmel und Hölle aus?

»Alles hat er schön gemacht zu seiner Zeit, auch hat er die Ewigkeit in ihr Herz gelegt, nur dass der Mensch das Werk nicht ergründet, das Gott getan hat, vom Anfang bis zum Ende.«
(Prediger 3,11)

Stellen Sie sich vor: Sie befinden sich im südamerikanischen Regenwald und sprechen mit einem Mann, der sein ganzes Leben dort verbracht hat. Er hat noch keinen Kontakt mit der Außenwelt gehabt, weiß nichts von Elektrizität, und Sie sind nun der erste Mensch von außerhalb seiner kleinen Gesellschaft, den er kennenlernt. Ihre Aufgabe besteht nun darin, ihm das Internet zu erklären.

Selbst, wenn Sie die komplizierten Feinheiten der modernen Technologie bestens verstehen: Dieser Mann hat keinen Vorstellungsrahmen für das, was Sie ihm vermitteln möchten. Wenn Sie ihn nicht aus dem Regenwald holen und ihm eine ganze Welt jenseits seiner gegenwärtigen Erfahrungen zeigen können, kann er Ihre Erklärung genauso wenig verstehen wie ein Fisch das Leben außerhalb des Wassers.

Das Gleiche gilt für Ewigkeit. Es gibt ein Leben jenseits dieser von uns bewohnten Gefilde. Obwohl Skeptiker es abstreiten, vermuten die meisten Menschen, dass der Tod nicht das Ende aller Dinge ist, sondern vielmehr eine Pforte zu etwas Jenseitigem darstellt. Wie der Schreiber des Predigerbuches es formulierte: »Gott hat die Ewigkeit in unser Herz gelegt«. Die meisten von uns haben bereits darüber nachgedacht, was nach dem Tod mit uns geschieht. Wie ist es im Himmel? Gibt es einen Ort wie die Hölle? Die Bibel spricht deutlich und unmissverständlich davon, dass es sowohl das eine als auch das andere gibt. Vielleicht wünschten wir uns, wir hätten mehr Informationen darüber. Aber die Realität der Ewigkeit liegt dermaßen jenseits unseres Fassungsvermögens, dass selbst die umfangreichsten Informationen unseren

Wissensdurst nach allem, was die Ewigkeit umfasst, nicht stillen könnten.

Heißt das nun, dass wir die Ewigkeit vergessen und uns nur auf das Hier und Jetzt beschränken sollten?

Ein Hauch von Himmel

Gott möchte offensichtlich, dass wir mit der Ewigkeit rechnen. Er möchte, dass wir unsere Entscheidungen im Lichte der Ewigkeit treffen und uns auf die Ewigkeit freuen. Er gibt uns in der Bibel einige Informationen – meist Bilder, die uns mit unserem begrenzten Verstand ansatzweise beim Erfassen der Ewigkeit helfen können. Ein Beispiel:

> »So spricht der HERR: Der Himmel ist mein Thron ...«(Jesaja 66,1)

Wenn wir an einen Thron denken, stellen wir uns darunter einen Herrscherstuhl vor. Dort sitzt ein Regent in all seinem Staatsornat. Ein Thron steht für höchste Autorität. Der ganze Himmel ist Gottes Thron. Es gibt keinen Teil des Himmels, der nicht Gottes Willen untertan ist oder nicht damit übereinstimmt. Wenn Sie etwas vom Wesen Gottes wissen, dann ist Ihnen bekannt: Er möchte, dass Menschen einander von ganzem Herzen lieben und sich gegenseitig mit Würde behandeln. Mehr noch: Gottes Wille ist auch, dass Menschen ihn für alle Zeit kennen und lieben sollen. Der Himmel ist also ein Ort, wo dies (ebenso wie viele andere wunderbare Dinge, die wir an Gottes Willen erst noch begreifen müssen) eine konstante, ewige Wirklichkeit ist.

Ein weiteres Beispiel, das uns hilft, uns den Himmel vorzustellen, stammt aus dem Neuen Testament. Jesus versicherte seinen Nachfolgern:

> »Im Hause meines Vaters sind viele Wohnungen. Wenn es nicht so wäre, würde ich es euch gesagt haben; denn ich gehe hin, euch eine Stätte zu bereiten.« (Johannes 14,2)

Falls Sie verheiratet sind: Als Sie zum ersten Mal ins Haus oder die Wohnung Ihres jetzigen Ehepartners traten, haben Sie da nicht sofort einen Eindruck bekommen, eine neue Perspektive, eine neue Wertschätzung dafür, wer Ihr Partner ist, was er mag und für wertvoll hält? Plötzlich sehen wir Aspekte seiner Persönlichkeit in einem neuen Licht; denn wir betreten das Zuhause, die

Atmosphäre, die diese Person nach ihrem Geschmack und ihren Vorlieben geschaffen hat.

Der Himmel ist Gottes Zuhause. Es ist der Ort, der am deutlichsten Gottes Persönlichkeit widerspiegelt – was er liebt und wertschätzt. Es ist der Ort, an dem Gott seine Gegenwart am vollständigsten offenbart. Es ist nicht ein »Ort« in dem Sinne, den wir diesem Wort gewöhnlich beimessen, d. h. kein Gebiet mit räumlichen Grenzen. Der Himmel beinhaltet mehr als das, nicht weniger. Gott hat den Himmel nach seinem Geschmack und Wohlgefallen geschaffen. »Himmel« ist kein formloses Konzept.

Laut dem Neuen Testament gibt es im Himmel eine »Stätte«, ein Zuhause für diejenigen, die Gott ihren Vater nennen und seinen Sohn Jesus kennen. Mit anderen Worten: Der Himmel wird von denen bevölkert, die sein wollen, wo Gott ist. Und genau wie der Himmel nicht von räumlichen Grenzen eingeschränkt ist, übersteigt er auch die Grenzen der Zeit. Der Himmel ist sowohl eine gegenwärtige Realität als auch eine Hoffnung für die Zukunft. Er existiert für alle Ewigkeit, er existiert schon jetzt, und alle, die Gott kennen, erfahren bereits jetzt einen Schimmer davon. Wir, die wir Gottes Gegenwart auf spürbare Weise erfahren haben, können dies auch nur schwer erklären – aber diese Erfahrungen sind uns sehr kostbar. Sie helfen uns durch schwere Zeiten hindurch, weil wir uns auf den Tag freuen können, an dem nicht bloß der Vorgeschmack des Himmels, den wir bereits gekostet haben, sondern dessen Fülle für immer und ewig zu unserer Existenzgrundlage werden.

In der Ewigkeit wird der Himmel die universale Wirklichkeit sein. Denn Gott wird seinen Wohnsitz vergrößern – das heißt, er wird den Ort erweitern, wo seine Gegenwart in all ihrer Fülle offenbart wird –, um jede Person einzuschließen, die zu ihm gehört. Ja, die Bibel sagt uns, dass Gott zu diesem Zeitpunkt einen neuen Himmel und eine neue Erde schaffen wird. Zeit und Ewigkeit, Himmel und Erde werden sich zusammenschließen, um vollkommen und vollständig die Persönlichkeit Gottes widerzuspiegeln.

»Und ich sah einen neuen Himmel und eine neue Erde; denn der erste Himmel und die erste Erde waren vergangen, und das Meer ist nicht mehr. Und ich sah die heilige Stadt, das neue Jerusalem, aus dem Himmel

> von Gott herabkommen, bereitet wie eine für ihren Mann geschmückte Braut.« (Offenbarung 21,1-2)

Gott wird bei den Menschen wohnen, mitten unter ihnen – gerade so, wie seine Gegenwart in der Bundeslade offenbar war, sodass er spürbar mit den Kindern Israel sein konnte. Nur wird es so sein, als sei das ganze Universum die Bundeslade und mit seiner Herrlichkeit erfüllt.

> »Und ich hörte eine laute Stimme vom Thron her sagen: Siehe, das Zelt Gottes bei den Menschen! Und er wird bei ihnen wohnen, und sie werden sein Volk sein, und Gott selbst wird bei ihnen sein, ihr Gott.« (Offenbarung 21,3)

Der Himmel, der uns in der Ewigkeit erwartet, unterscheidet sich von allem, was wir je erfahren haben. Wir werden eine ganz neue Ebene der Vertrautheit mit Gott erleben. Man kann sich nur schwer vorstellen, wie das sein wird. Aber so viel wissen wir: Es gibt keine Sorge, keinen Tod, keine Klage, kein Weinen, keinen Schmerz mehr, weil die bloße Gegenwart Gottes all diese schmerzlichen Dinge verbannt.

Das Neue Jerusalem: zurück in den Garten Eden

Wir besitzen einige interessante Beschreibungen des Neuen Jerusalem, das offenbar aus biblischer Perspektive die Hauptstadt der Ewigkeit ist. Einiges in diesen Beschreibungen ist möglicherweise rein symbolisch zu verstehen; aber es vermittelt uns das Gefühl einer wunderbaren neuen Ordnung, die Gott aufrichten wird.

Das Neue Jerusalem wird als sehr schöner Ort aus Jaspis und Gold beschrieben; dennoch heißt es, dass es klar wie Glas ist. Weder Jaspis noch Gold sind durchsichtig wie Glas. Jaspis ist trüb und Gold ist lichtundurchlässig. Dennoch werden sie im Neuen Jerusalem durchscheinend sein. Die Grundsteine sind alle verziert, jeder mit einem anderen Edelstein. Jeder dieser zwölf Edelsteine hat eine andere Farbe. Die Tore gleichen riesigen Perlen – jedes Tor ist eine Perle. Die Perlentore sind vielleicht symbolisch zu verstehen, aber deshalb nicht weniger real. All diese Farben, Edelsteine und -metalle symbolisieren vollkommene Reinheit, unglaubliche Schönheit und unbeschreiblichen Wert.

Die herrlichen Tore stehen immer offen. Keine Feinde sind zu fürchten. Der Zugang zu Gott ist allezeit sicher. Es gibt im Neuen Jerusalem keinen Tempel. Die Stadt selbst wird zum Heiligtum, und der HERR Gott ist sein Licht. Erleuchtet von der Herrlichkeit der Gegenwart Gottes werden Sonne und Mond nicht mehr gebraucht. Heißt das, dass es Sonne und Mond dann nicht mehr gibt? Wir wissen es nicht; aber die Bibel sagt, dass sie nicht mehr nötig sein werden.

Wir erfahren auch von einem wunderbaren Strom, dessen Wasser – das Wasser des Lebens – schnell und klar fließt. Der Baum des Lebens trägt auf beiden Seiten dieses Stromes Früchte. Dieses Bild nimmt uns mit zurück in den Garten Eden. Ursprünglich wohnte Gott bei den Menschen, die er erschaffen hatte. Wir waren in seiner Gegenwart. Wir waren mit Gott eng vertraut. Doch dann trafen Adam und Eva die Entscheidung, sich gegen Gott aufzulehnen – Dinge auf ihre eigene Weise zu tun. Der HERR Gott verwies sie aus dem Garten, damit sie keinen Zugang mehr zum Baum des Lebens hatten. Gott wusste: In ihrem sündigen Zustand ewig zu leben, wäre für Adam und Eva die Hölle auf Erden gewesen. Aber was sehen wir in der Ewigkeit? Der Zugang zu diesem Baum ist wieder gewährt. Wir sind zurück im Garten Eden, vollständig mit dem Baum des Lebens. Aber es ist Gottes Gegenwart, seine Wohnung mitten unter uns, die den Himmel zum Himmel macht.

Wenn wir das begriffen haben, verstehen wir auch etwas anderes: Es muss noch einen anderen Ort, ein anderes letztes Ziel existieren, das den Gegensatz zum Himmel darstellt.

Ein Schimmer der Hölle

So sehr der Himmel ein Teil der Ewigkeit ist, so ist auch die Hölle ein Teil der Ewigkeit. Und mit dieser Realität müssen wir kämpfen. Viele Menschen heute zweifeln die Existenz der Hölle an. Viele möchten gerne glauben, dass es einen solchen Ort gar nicht geben kann. In Thurmont/Maryland (USA) gibt es einen Grabstein mit folgender Aufschrift: »Hier liegt ein Atheist, wie bestellt und nicht abgeholt«. Der Atheist kann sich nur wünschen, dass dies zuträfe. Andere Menschen lachen vielleicht über die Vorstellung, dass es eine Hölle gibt. Sie sagen spöttisch: »Ich will in die Hölle kommen, weil da auch alle meine Freunde sein werden.«

Leider wird in der Hölle die »Gemeinschaft« (wenn man sie denn so nennen kann) trostlos und jeglichen Sinnes beraubt sein.

Der englische Philosoph Thomas Hobbes sagte: »Hölle ist zu spät erkannte Wahrheit.« Gar zu viele Menschen werden zu spät entdecken, dass die Hölle ein Ort äußerster Isolation ist. Sie ist nicht der Ort, an dem man alle seine Freunde wieder sieht: Die Hölle ist der Ort, wo niemand mehr sieht als sein eigenes Leid.

Wenn der Himmel der letztendliche Zusammenschluss Gottes mit seinen Menschen ist, dann ist die Hölle das letzte und endgültige Getrenntsein von denen, die nicht zu Gott gehören. Die Entfremdung der Menschen von Gott wirkt sich so aus, dass sie sich auch voneinander entfremden. Unsere Beziehungsfähigkeit wurde geschaffen, damit wir eine Beziehung zu Gott haben können. Andere Beziehungen sollten ihr nur beistehen und sie ergänzen. Wenn es keine Möglichkeit der Beziehung zu Gott mehr gibt, dann schrumpft auch unsere Beziehungs- und Liebesfähigkeit untereinander und stirbt schließlich ganz ab. Das ist die Natur des sehr realen Ortes namens Hölle.

Der Prophet Daniel sah ganz klar eine Ewigkeit voraus, die sowohl einen Ort des Gerichts als auch einen der Glückseligkeit beinhaltet:

> »Und viele von denen, die im Land des Staubes schlafen, werden aufwachen: die einen zu ewigem Leben und die anderen zur Schande, zu ewigem Abscheu.« (Daniel 12,2)

Aber warum? Warum sollte ein guter und liebender Gott zulassen, dass Menschen an so einem Ort landen? Bei der Hölle geht es vor allem um Gottes Gerechtigkeit. Er errichtet seine Gerechtigkeit auf spürbare Weise durch die Realität von Lohn oder Strafe. Viele Menschen betrachten Hölle als reine Strafe; sie meinen, dass Gott ihnen jetzt »heimzahlt«, was sie getan haben. Aber die Bibel lehrt etwas anderes. Gott möchte letztendlich alles Falsche berichtigen – und die Hölle ist der richtige Ort für Menschen, die fälschlicherweise nicht Gott vertrauen und nicht wollen, dass Gott sich in ihr Leben einmischt.

Wir schauen uns das Böse in der Welt heute an und fragen uns, ob es denn Gerechtigkeit gibt. Nun, wenn die Hölle nicht existiert, gibt es keine Gerechtigkeit. Die Hölle ist die Endlösung für das Problem des Bösen. Wir wünschten uns vielleicht, das Problem würde auf »nette« Art beseitigt. Aber Gott ist gut und weise genug, um das Problem auf die einzig richtige Art zu lösen. Gott weiß, dass Böses sich niemals zum Guten entwickeln kann. Die Zeit heilt nicht das Böse. Man kann es etwa so sehen: Ein falsches Rechenergebnis kann nur korrigiert werden, wenn man zu dem Punkt zurückkehrt, an dem man den Fehler begangen hat. Dann muss man die Rechnung nochmals durchführen, diesmal aber korrekt. Das Ergebnis kann nie korrigiert werden, indem man einfach weitermacht. Ein Teil der Natur des Bösen ist die Ablehnung, zu dem Punkt zurückzukehren, an dem man den Fehler gemacht hat. Böses rechtfertigt sich immer selbst und besteht darauf, auf dem eingeschlagenen Weg weiterzugehen.

Zweitens zeigt die Hölle Gottes Heiligkeit. Der Theologe David Welles sagt: Wenn Gott so gut ist, wie die Bibel sagt, wenn sein Wesen so rein, sein Leben so ewig ist – dann ist Sünde genauso ewig unverzeihlich, nicht nur eine kleine Frechheit des Augenblicks. Um auf den Verstoß angemessen zu reagieren, muss Gottes Antwort gleichermaßen ewig sein.

C. S. Lewis bezeichnet das Gericht der Hölle und die Errichtung des Himmels als »Die große Scheidung«. Er weist darauf hin, dass Gott Heiligkeit von Bosheit trennen muss, Gutes von Bösem. Das stimmt mit der hebräischen Vorstellung von Heiligkeit überein. Das hebräische Wort *kadosch* bedeutet »heilig« oder »abgesondert«. Lewis schreibt:

> »Wenn wir darauf bestehen, die Hölle zu behalten, werden wir den Himmel nicht sehen. Wenn wir den Himmel annehmen, sind wir nicht in der Lage, auch nur die kleinsten und uns liebsten Andenken an die Hölle aufzubewahren. Hölle ist die ewige Abwesenheit Gottes, gepaart mit der Hoffnungslosigkeit, wissen zu müssen, dass diese Abwesenheit ewig ist. Die Verlorenen erfreuen sich auf ewig der schrecklichen Freiheit, die sie verlangt haben; daher sind sie versklavt.«

Die Zurschaustellung der Heiligkeit Gottes und all seiner Eigenschaften verlangt, dass er sich von allem entfernt, was nicht heilig ist.

Einige Menschen glauben nicht an die Hölle. Sie meinen, Hölle sei eine Überreaktion Gottes auf eine schlechte Tat oder Entscheidung. Das Gegenteil trifft zu: Hölle ist das echte Ergebnis einer Lebenszeit falscher Entscheidungen, wie die folgende Geschichte illustriert:

Ein reicher Geizhals kaufte einmal ein Stück Pastete. Als er weiterging, ließ er die Pastete fallen, und als er sie aufhob, war sie mit Dreck bedeckt. Da kam ein Bettler vorbei und bat um eine milde Gabe. Der Geizhals gab ihm die verdreckte Pastete. In dieser Nacht träumte der Geizhals, er sitze in einem großen, vollbesetzten Café. Die Kellner rannten hin und her; sie brachten allen Kunden die erlesensten Kuchen und Torten. Er allein wurde nicht bedient. Schließlich beschwerte er sich. Ein Kellner kam und brachte ihm ein Stückchen verdreckte Pastete. »Wie können Sie es wagen, mir ein Stück dreckige Pastete vorzusetzen?«, fauchte der Geizhals wütend. »Habe ich Sie um Almosen gebeten? Ich bin ein reicher Mann mit ehrlich verdientem Geld!« »Ich fürchte, da liegen Sie falsch, mein Herr«, antwortete der Kellner. »Ihr Geld hat hier keinen Wert. Sie sind soeben in der Ewigkeit angekommen. Und hier können Sie nur bestellen, was Sie selbst aus der Welt der Zeit in den Himmel geschickt haben. Sie haben nur eine Sache geschickt, nämlich dieses Stückchen Pastete. Das ist alles, was ich Ihnen bringen kann.«

Unsere gesamte Gesellschaft schreit auf: »Du hast es verdient, glücklich zu sein – zu jedem Preis.« »Nimm, was dir gefällt – und gib nur ab, wenn du gezwungen wirst oder dich dabei gut fühlst.« »Tu, was du willst.« Und Gott sagt: »In Ordnung. Du kannst tun, was du willst, du kannst nehmen, was du möchtest; du kannst deinen Willen statt meinen Willen haben. Du kannst dir deine eigene Gesellschaft anstatt meiner Gegenwart aussuchen. Das kannst du haben. Du kannst es für alle Ewigkeit haben. Ich will dich nicht haben.« Sünde ist, wenn jemand zu Gott sagt: »Geh weg und lass mich in Ruhe«; die Hölle ist Gottes Art, zu sagen: »Dein Wunsch ist dir erfüllt worden«.

Nochmals haben wir es hier mit einem »falschen Rechenergebnis« zu tun. Gott gibt den Menschen eine Chance, zurückzukehren, den Fehler zu entdecken, dann das Ergebnis zu erhalten, das Gott bereit hat: bei ihm zu sein. Aber die Rückkehrmöglichkeit ist begrenzt – nicht, weil Gott uns keine angemessene Chance gönnt, sondern weil wir uns stur weigern können, ihn ums Aufzeigen unserer Verfehlungen zu bitten. Lewis beschreibt die Hölle als einen Ort, wo die Tür von innen verschlossen ist.

Der englische Dichter John Milton charakterisierte die Haltung Satans so: »Ich will lieber in der Hölle herrschen als im Himmel dienen«. Gott sagte: »In Ordnung«. Die Hölle ist der gerechte Lohn für Sünde oder für den Irrtum, der aus all den Entscheidungen besteht, die, an Gottes Maßstäben gemessen, versagen. Aber der letzte und größte Irrtum ist die Ablehnung, umzukehren und den Fehler korrigieren zu lassen. Und dieser Irrtum entspricht der Ablehnung von Gottes Sühne, der Ablehnung seines Geschenks der Vergebung und des ewigen Lebens, das er uns durch den Messias Jesus anbietet.

Die Hölle ist ein Ort des Gerichts, der ewigen und endgültigen Strafe. Wir können uns das Leiden nur schwer vorstellen, aber wir können uns nicht erlauben, diese Realität zu ignorieren. Die Bibel sagt deutlich, dass die Hölle bewusst erlebte Qual ist: dass es dort Heulen und Zähneklappern gibt. Dieser Ausdruck »Heulen und Zähneklappern« ist eine hebräische Redewendung. Sie steht für eine Einheit aus Trauer und Wut. Trauer über all die Möglichkeiten, die für immer verloren sind, und Wut, weil Gottes Urteil nicht akzeptiert wird. Die Hölle ist ein Ort der Verdammnis: nicht nur, weil Menschen verdammt sind, dort zu sein, sondern weil sie selbst voller Verdammung sind und Gott anklagen, andere anklagen, vielleicht sogar sich selbst anklagen – aber ohne echte Buße.

Ob Sie an die Existenz der Hölle glauben können oder nicht: Vielleicht hilft Ihnen das eben Gelesene, zu verstehen, warum an Jesus Gläubige anderen Menschen so leidenschaftlich von ihm weitersagen. Wenn man an die Wirklichkeit von Himmel und Hölle glaubt, tut man doch bestimmt sein Bestes, damit alle, die man gern hat, auf eine Ewigkeit der Freude und nicht des schrecklichen Leidens zugehen.

Himmel oder Hölle: die ultimative Entscheidung

Wenn wir an die biblischen Realitäten von Himmel und Hölle glauben, können wir einfach nicht anders: Wir sehen die unumgängliche Entscheidung. Würden Sie sich für die Abwesenheit jeglicher Hoffnung, jeglichen Lebens und jeglicher Gemeinschaft mit dem Schöpfer des Universums entscheiden? Oder wählen Sie den Ort, an dem Gott unter seinem Volk wohnt?

Wenn Menschen klarer sehen würden, wozu Gott uns einlädt, würden sie vielleicht auch deutlicher die Bedeutung der Entscheidungen erkennen, die hier und jetzt getroffen werden.

Wie ist es wirklich, in Gottes Gegenwart zu sein? Einige fürchten, der Himmel sei ein langweiliger Ort mit langweiligen Leuten, die langweilige Dinge tun. Weit gefehlt! König David sagte: »Du wirst mir kundtun den Weg des Lebens; Fülle von Freuden ist vor deinem Angesicht, Lieblichkeiten in deiner Rechten immerdar« (Psalm 16,11).

Die Bibel versucht einige Male, diese Freuden zu beschreiben; aber diese Versuche werfen fast mehr Fragen auf als sie Antworten geben. Wiederum haben wir einfach nicht den Vorstellungsrahmen, um die Freuden des Himmels zu verstehen. Sie werden irgendwie tiefer und von größerer Bedeutung sein als die Freuden, die wir hier kennen.

Denken Sie an die allerschönste Landschaft, die Sie je gesehen haben: eine Landschaft, die Sie mit so viel Erstaunen erfüllt hat, dass es Ihnen richtig naheging. Oder das bewegendste Musikstück, das Sie je gehört haben, bei dem Sie nur die Augen schließen und sich im Rhythmus verlieren, die Melodie singen, sich mit der Harmonie vereinigen wollten. Denken Sie an ein Kunstwerk, dass Sie anzog und das Verlangen in Ihnen weckte, den Menschen kennenzulernen, der es geschaffen hat. Denken Sie an einen Augenblick in Ihrem Leben, in dem Sie vollkommen sicher waren, dass jemand, den Sie liebten, Sie vollkommen und ohne Vorbehalte zurückliebte. Wenn Sie auch nur eine dieser Erfahrungen gemacht haben, verfügen Sie über einen Ausgangspunkt, um sich einen Bruchteil der Freude vorzustellen, die uns im Himmel erwartet.

Die reinsten, höchsten Freuden, die wir auf der Erde erfahren können, sind nur ein Schatten der strahlenden Ewigkeit, zu der Gott uns einlädt, um sie mit ihm zu teilen. In der Ewigkeit werden Sie andauernd mit Ehrfurcht über die Sie umgebenden Wunder erfüllt sein – über eine Herrlichkeit, die Sie einfach vereinnahmt.

Manche haben Angst davor, die Freuden dieses Lebens zurückzulassen. Diese Menschen haben nicht erkannt, dass die Freuden des Himmels jenseits unserer Vorstellungskraft liegen, weil sie intensiver – und nicht geringer – sind als die, die wir jetzt erfahren.

Beispielsweise ist schon gesagt worden: »Wenn es im Himmel keinen Sex gibt, will ich dort nicht hin.« C. S. Lewis erklärt: Die

Freuden des Himmels anstelle irdischer Freuden anzubieten, ist so, als sage man einem kleinen Jungen, er könne beim Sex keine Schokolade essen. Der Junge kann sich absolut nicht vorstellen, wie man Schokolade zugunsten von Sex aufgeben kann. Er hat noch kein Interesse für Sex entwickelt und kann sich nicht vorstellen, dass dabei niemand daran denkt, Schokolade zu essen. Schokolade ist dann überhaupt kein Thema.

Gleichermaßen sind unsere gegenwärtigen Sehnsüchte nicht einmal ansatzweise auf die Freuden vorbereitet, für die wir im Himmel bereit sein werden. Gott wird vollständig unseren Hunger nach Freuden stillen, von denen wir jetzt noch gar nicht wissen, wie wir uns an ihnen erfreuen können. Die Art unserer Beziehungen wird sich ändern, und wir werden in einer Weise erfüllt werden, die jenseits unseres gegenwärtigen Fassungsvermögens liegt. Der Prophet Jesaja hat geschrieben: »Denn siehe, ich schaffe einen neuen Himmel und eine neue Erde. Und an das Frühere wird man nicht mehr denken, und es wird nicht mehr in den Sinn kommen« (Jesaja 65,17). Jesaja spricht nicht von einer Art kosmischer Amnesie, sondern von der Tatsache, dass Gott etwas so Wunderbares bereitet, dass wir uns überhaupt nichts Besseres vorstellen können. Nichts wird fehlen, um unsere Freude zu vervollkommnen. Erfahrungen der Vergangenheit werden da in keiner Weise mithalten können.

Als der amerikanische Autor und Theologe Jonathan Edwards auf dem Sterbebett lag, war seine Frau gerade im Ausland unterwegs. Sie schaffte es vor seinem Tod nicht mehr nach Hause. Er ließ ein Wort der Hoffnung für sie zurück: »Weil unsere Beziehung meines Erachtens eine geistliche ist, wird sie Bestand haben«. Jonathan Edwards verstand etwas vom Himmel. Alles Gute und Reine und Ewige an den Dingen, an denen wir uns hier auf der Erde erfreut haben, wird dort sein. Ja, es wird in Gottes Gegenwart in der Ewigkeit sogar erweitert und realer und schöner sein.

In dieser Welt haben wir immer das Gefühl, nicht hierher zu passen, nichts zu finden, nach winzigen Stückchen Freude zu haschen, nach Kleinstpackungen des Friedens zu greifen, nach kleinen Fetzen des Glücks zu jagen. An diesen Dingen, die uns jetzt so flüchtig erscheinen, möchte Gott uns die ganze Ewigkeit lang vollständige Freude schenken – auf eine Weise, die wir jetzt noch nicht verstehen.

In der gesamten Heiligen Schrift ruft Gott nach uns und sagt: »Ich möchte dich zu wirklichem Frieden einladen. Ich möchte dich zu wirklicher Freude einladen. Ich möchte dich zu einem Leben ohne Furcht einladen. Ich möchte dich zu einem Leben ohne Scham einladen. Ich möchte dich einladen, all diese Dinge dahinten zu lassen und dich mit den guten Dingen zu füllen, die ich für dich bereit habe.« Am Schluss wird Gott diejenigen von uns, die zu ihm gehören, an diesen Ort holen: den Ort, wo wir unseren eigentlichen Zweck, unseren Sinn erfüllen, die vollkommenste Freude, den vollkommensten Frieden erfahren. Das ist die Hoffnung am Ende der Zeit, die ein Kind Gottes hat.

Hoffnung am Ende der Zeit ist sowohl eine Person als auch ein Ort. Es ist sowohl ein Ziel als auch eine gegenwärtige Realität. Gott möchte, dass Sie hier und jetzt diese Hoffnung für die Zukunft haben. Wenn Sie bis hierher gelesen haben und diese Hoffnung, diese Freude, diesen Frieden und diese Vergebung, die Gott schenkt, noch erfahren müssen, dann warten Sie nicht länger. Die Zeit drängt, aber Gottes Hoffnung hat ewigen Bestand.

Anhang 1

Wie Sie Hoffnung am Ende der Zeit finden können

Wenn Sie bereit sind, zu glauben, dass Gott die Quelle aller Hoffnung für die Zukunft ist – nicht nur in der Arena der Weltereignisse, sondern auch in allem, was Ihr persönliches Wohlergehen betrifft –, dann denken Sie bitte über folgende Punkte nach.

1. Gott liegt an Ihnen. Er möchte, dass Sie Hoffnung für die Zukunft haben.

   »Denn ich kenne ja die Gedanken, die ich über euch denke, spricht der HERR, Gedanken des Friedens und nicht zum Unheil, um euch Zukunft und Hoffnung zu gewähren.« (Jeremia 29,11)

2. Sünde stört die Zukunft, die Gott Ihnen anbieten möchte.

   »Eure Vergehen sind es, die eine Scheidung gemacht haben zwischen euch und eurem Gott, und eure Sünden haben sein Angesicht vor euch verhüllt, dass er nicht hört.« (Jesaja 59,2)

3. Gott hat Jeschua (Jesus) als Ihren Sündenträger und Retter geschickt.

   »Doch er war durchbohrt um unserer Vergehen willen, zerschlagen um unserer Sünden willen. Die Strafe lag auf ihm zu unserm Frieden, und durch seine Striemen ist uns Heilung geworden.« (Jesaja 53,5)

4. Sie können Vergebung der Sünde und eine ewige Zukunft mit Gott empfangen, indem Sie für sich in Anspruch nehmen, was Jeschua für Sie getan hat, und indem Sie Ihr Vertrauen auf ihn setzen.

   »Wenn du mit deinem Mund Jeschua/Jesus als Herrn bekennen und in deinem Herzen glauben wirst, dass Gott ihn aus den Toten auferweckt hat, wirst du errettet werden. Denn mit dem Herzen wird geglaubt zur Gerechtigkeit, und mit dem Mund wird bekannt zum Heil.« (Römer 10,9-10)

Wenn Sie diese Verse glauben und bereit sind, hier und jetzt Ihre Zukunft mit Gott zu beginnen, kann dieses Gebet Ihnen helfen, ein neues Leben anzufangen:

> »Liebender Gott, ich weiß, dass ich gegen dich gesündigt habe. Ich will mich von meinen Sünden abwenden. Ich glaube, dass du Jeschua – Jesus – als Sühne, als Lösegeld für mich gesandt hast. Mit diesem Gebet nehme ich Jesus als meinen Retter und Herrn auf. Danke, Gott, dass du mich von Sünde reinigst, meine Seele heilst und meinen Namen in dein Buch des Lebens geschrieben hast, sodass ich für immer und ewig bei dir sein kann. Bitte hilf mir, das Leben zu leben, das du durch den Messias für mich hast. Amen.«

Wenn Sie dieses Gebet gesprochen haben oder es vielleicht tun möchten, treten Sie doch bitte mit uns in Kontakt. Füllen Sie den Coupon am Ende dieses Buches aus und schicken Sie ihn an uns zurück.

Anhang 2

Der Unterschied zwischen der Entrückung und der Wiederkunft des Messias

Die Bibel teilt uns nicht ganz genau mit, wann die Entrückung stattfinden wird. Darum gibt es zu diesem Thema unterschiedliche Ansichten. Die beiden am weitesten verbreiteten Meinungen sind, dass sich die Entrückung entweder direkt vor der großen Trübsal oder direkt danach – bei der Wiederkunft des Messias – ereignen wird. Jede Position beinhaltet ein gewisses Maß an Spekulation.

Ich persönlich stimme der ersten dieser beiden Ansichten zu – der Entrückung vor der Trübsal. Laut dieser Ansicht endet die große Trübsal nicht mit der Entrückung, sondern mit dem Offenbarwerden des Messias. Mit anderen Worten: Bei der Entrückung nimmt Jesus all die Menschen von der Erde, die vor der großen Trübsal bereits an ihn glauben. Seine Wiederkunft am Ende ist als »das zweite Kommen« bekannt. Die folgende Liste zeigt die Unterschiede dieser Ereignisse auf.

Das Ereignis:	Entrückung der Gläubigen	Wiederkunft des Messias
Wer betroffen ist:	nur die an Jesus Gläubigen	die gesamte Menschheit
Was geschieht:	Gläubige werden »fortgetragen«	der Messias erscheint
Wo es geschieht:	in der Luft	auf der Erde (Ölberg)
Wann es geschieht:	vor dem Zorn	nach dem Zorn
Warum es geschieht:	Errettung der Gläubigen vom Zorn	Errettung Israels vom Antichrist
Wie es geschieht:	überraschend, wie ein Dieb in der Nacht	der Höhepunkt klar sich entfaltender Ereignisse

Anhang 3

Ist der Antichrist jüdisch?

Es ist spekuliert worden, dass der Antichrist jüdisch ist oder sein werde. Im Folgenden fünf gute Gründe für die Annahme, dass er *nicht* jüdisch ist:

1. Die Annahme, der Antichrist sei jüdisch, basiert bei vielen auf dem Vers in Daniel 11,37, wo es heißt: »Selbst auf den Gott seiner Väter wird er nicht achten.« Eine genauere Übersetzung des hebräischen Grundtextes wäre aber »auf die Götter seiner Väter ...«. Das scheint also das genaue Gegenteil anzudeuten, weil jüdische Menschen nur einen Gott haben.
2. Als Daniel über den Antichrist weissagt, vergleicht er ihn mit anderen Königen (Daniel 7,8.11). Diese Könige werden als Hörner dargestellt, und der Antichrist ist das letzte und mächtigste von ihnen. In diesem Abschnitt werden Hörner (ein Symbol für Stärke) gebraucht, um die nichtjüdischen Nati-

onen zu beschreiben – niemals für Israel. Und da keiner der von Daniel zuvor beschriebenen Könige (oder Hörner) jüdisch war, scheint es unwahrscheinlich, dass dieses mächtigste Horn jüdisch sein sollte.

3. In Offenbarung 13 wird beschrieben, wie der Antichrist »aus dem Meer« aufsteigt. In der Bibel gilt »das Land« oft als Bildwort für das Volk Israel und die jüdischen Menschen; »das Meer« ist eine Metapher für die (nichtjüdischen) Nationen der Erde.
4. Antiochus ist in Daniels Prophezeiung eine Zentralfigur. Er ist der Vorläufer, der Typus für den Antichrist. Antiochus war Syrer und nicht jüdisch. Wiederum führt das zur Erkenntnis, dass der Antichrist eigentlich nicht jüdisch sein kann.
5. In Daniel 9,27 wird der Antichrist beschrieben: »Das Volk eines kommenden Fürsten wird die Stadt zerstören«. Das Volk, das im Jahre 70 n. Chr. kam und Jerusalem zerstörte, waren die Römer – definitiv keine Juden. Es ist unklar, ob der Antichrist italienischer, syrischer oder anderer Nationalität ist. Aber dass er nicht jüdisch ist, scheint klar zu sein.

Anhang 4

Gerichte vor dem Thron

	Richterstuhl des Messias (2. Korinther 5,10)	Gericht über die Nationen (Joel 4,12-16)	Gericht vor dem großen weißen Thron (Offenbarung 20,11f)
Wer	an Jesus Gläubige	alle Völker, die dem Antichrist und dem falschen Propheten nachgefolgt sind; Nationen, die sich gegen Israel stellen	alle Toten; alle, die am Ende des tausendjährigen Friedensreichs leben; Satan, Tod und Totenreich (»Hades«)

Was	im Leben vollbrachte Werke	auf wessen Seite sie standen	wessen Name im Buch des Lebens geschrieben steht
Wann	bei der Entrückung	bei der Wiederkunft des Messias	am Ende des tausendjährigen Friedensreichs
Folgen	Verleihung von Lohn	Errichtung des tausendjährigen Friedensreichs	Beginn der Ewigkeit

Anhang 5

Können wir die Wiederkunft des Messias beschleunigen?

Können wir die Wiederkunft des Messias auf diese Erde durch unsere Handlungen beschleunigen? Auf jeden Fall tendieren gewisse ultra-orthodoxe jüdische Lehrmeinungen in diese Richtung. Einige Rabbiner lehren, wenn alle Juden in der Welt einen einzigen Sabbat einhielten, würde der Messias erscheinen.

Eine ironische Verdrehung: Einige Menschen innerhalb der jüdischen Gemeinschaft hatten gewarnt, die Christen würden bei der Jahrtausendwende ihre »Bekehrungsversuche« gegenüber Juden drastisch verstärken. Christen wären davon ausgegangen, dass Juden das Kommen Jesu verzögerten, indem sie nicht an ihn glaubten. Christen, die für das Jahr 2000 Jesu Wiederkunft erwarteten, würden auf das jüdische Volk böse und enttäuscht sein, wenn diese dann nicht eintrete.

Es war indessen niemals Teil christlicher Glaubenslehre, dass Jesus im Jahr 2000 zurückkehren würde. Genauso wenig glauben Christen jetzt, dass jüdische Menschen an Jesus glauben *müssten*, bevor er zurückkehren kann. Die Tatsache, dass jüdische Menschen solche Dinge gesagt bekommen, treibt einen unnötigen Keil der Furcht und des Verdachts in die Herzen.

Wenn es Christen gibt, die glauben, Menschen könnten durch ihre Handlungen oder ihren Glauben die Wiederkunft des Messias beschleunigen, dann sind sie eine entschiedene Minderheit und völlig falsch informiert. Wer der Bibel glaubt, weiß, dass allein

Gott in solchen Angelegenheiten Bescheid weiß. Mit anderen Worten: Gott lenkt die Ereignisse, und wir sind keineswegs in der Lage, ihn zu beschleunigen oder aufzuhalten, wenn es um die Wiederkunft des Messias geht. Anders zu denken hieße, denselben Fehler zu begehen, den unsere Urmutter Sara begangen hat.

Gott hatte Abraham einen Erben von Sara versprochen. Aber sie glaubte nicht, dass dieser sich auch einstellen würde – oder vielleicht meinte sie, Gott lasse sich ein bisschen zu viel Zeit. Daher bot sie Abraham ihre Magd Hagar an, damit er durch sie Vater eines Kindes würde. Als Ergebnis wurde Ismael geboren. Später erfüllte Gott seine Verheißung; Sara gebar Isaak. Aber seitdem hat es immer schmerzliche Konflikte zwischen den Nachkommen Isaaks und Ismaels gegeben.

Gott braucht unsere Hilfe nicht, um seine Pläne zu vollenden. Seine Zeitplanung ist vollkommen, und sie stimmt äußerst selten mit unseren Wünschen überein. Die meisten Christen, die eindringlich ihren Glauben mit Juden oder Nichtjuden teilen, tun das aus der starken Überzeugung, dass Gott das von ihnen möchte. Sie werden auch von Fürsorge und Liebe angetrieben, weil sie unerschütterlich glauben, dass die Nachfolge Jesu der Weg zu Freude, Frieden und Vergebung ist – und dass eine Entscheidung für ihn die größte und beste Entscheidung ist, die ein Mensch je treffen kann.

Bibliografie

William E. *Blackstone*, Jesus is Coming. Old Tappan: Revell, 1932.
Jody *Dillow*, Reign of the Servant Kings. Hayesville: Schoettle, 1992.
Isidore *Epstein* (Hrsg.), The Babylonian Talmud. London: Soncino, 1935.
Millard J. *Erickson*, Christian Theology. Grand Rapids: Baker, 1985.
Arnold G. *Fruchtenbaum*, The Footsteps of the Messiah. Tustin: Ariel Ministries, 1983.
Louis *Goldberg*, Turbulence Over the Middle East. Neptune: Loizeaux Brothers, 1982.
Harold W. *Hoehner*, Chronological Aspects of the Life of Christ. Grand Rapids: Zondervan, 1977.
Herman A. *Hoyt*, The End Times. Chicago: Moody, 1969.
David *Jeremiah*/C.C. *Carlson*, Escape the Coming Night. Dallas: Word, 1997.
David L. *Larsen*, Jews, Gentiles and the Church. Grand Rapids: Discovery House, 1995.
C.S. *Lewis*, The Great Divorce. New York: Macmillan, 1946.
ders., Mere Christianity. New York: Collier, 1960.
ders., The Problem of Pain. New York: Macmillan, 1962.
Alva J. *McClain*, Daniel's Prophecy of the 70 Weeks. Grand Rapids: Zondervan, 1969.
C. G. *Montefiore*/H. *Loewe*, A Rabbinic Anthology. New York: Schocken, 1974.
René *Pache*, The Future Life. Chicago: Moody, 1962.
Raphael *Patai*, The Messiah Texts. New York: Avon, 1979.
J. Dwight *Pentecost*, Things to Come: A Study in Biblical Eschatology. Grand Rapids: Dunham, 1958.
Robert *Van Kampen*, The Sign. Wheaton: Crossway, 1992.

Literaturempfehlungen

Deutsch

C.S. *Lewis,* Pardon, ich bin Christ. Basel: Brunnen, 2002.
ders., Über den Schmerz. Gießen: Brunnen, 2005.
ders., Wunder. Basel: Brunnen, 1999.
Josh *McDowell,* Das kann ich nicht glauben! – Antworten auf skeptische Fragen. Bielefeld: CLV, 1997.
ders., Wer ist dieser Mensch? Neuhausen: Hänssler, 1996.
Fragen und Antworten. Bei »Juden für Jesus« erhältlich (Siehe Adresse am Ende des Buches).
David H. *Stern,* Das jüdische Neue Testament. Neuhausen: Hänssler 1994.
Stan *Telchin,* Verraten! Wuppertal: Oncken 1999.
Corrie *ten Boom,* Die Zuflucht. Wuppertal: R. Brockhaus 1997.

Englisch

Steve *Cohen,* Disowned! San Francisco: Purple Pomegranate, 1995.
Lyle W. *Dorsett,* And God Came In. New York: Good News Publishers, 1983.
Rachmiel *Frydland,* When Being Jewish Was a Crime. Nashville: Thomas Nelson, 1978.
Richard *Harvey,* But I'm Jewish. San Francisco: Purple Pomegranate, 1996.
Mitarbeiter von „Juden für Jesus», The Y'shua Challenge, Part I. San Francisco: Purple Pomegranate, 1993. (Auf Deutsch in Vorbereitung)
Derek *Leman,* The Y'shua Challenge, Part II: A Basic Study Guide. San Francisco: Purple Pomegranate, 1998.
Moishe *Rosen,* The Universe is Broken–Who on Earth Can Fix It? San Francisco: Purple Pomegranate, 1991.
ders., Y'shua. Chicago: Moody Press, 1982. (Auf Deutsch in Vorbereitung)
Ruth *Rosen* (Hrsg.), Jewish Doctors Meet the Great Physician. San Francisco: Purple Pomegranate, 1998.

dies. (Hrsg.), Testimonies, San Francisco: Purple Pomegranate, 1992.
Sid *Roth* (mit Irene *Harrell*), There Must Be Something More! Brunswick: Messianic Vision, 1994.

Anmerkungen

1 HERR in Großbuchstaben bezeichnet hier und im Folgenden die Übersetzung des alttestamentlichen Gottesnamens Jahwe (JHWH).
2 Ein US-amerikanischer Parapsychologe, der in der ersten Hälfte des 20. Jahrhunderts als populäres Medium wirkte.
3 Eine US-amerikanische Spiritistin, die behauptet, ein Geistwesen »Ramtha« würde durch sie Erleuchtungslehren verbreiten.

Wenn Sie gerade das Gebet in Anhang 1 gesprochen haben oder es vielleicht tun möchten, lassen Sie doch bitte von sich hören. Füllen Sie den folgenden Coupon aus und schicken Sie ihn an uns zurück.

(Bitte in GROSSEN DRUCKBUCHSTABEN ausfüllen)

Name ____

Straße/Hausnr. ______________________________________

PLZ/Wohnort ____

Telefon ____

E-Mail ____

( ) Ich habe die Bibeltexte gelesen und das Gebet gesprochen. Ich unterzeichne mit meinem Namen die Hingabe an Jeschua als meinen Retter und Herrn.

Unterschrift ____

Datum ____

( ) Ich verstehe oder glaube diese Texte noch nicht, bin aber aufrichtig bereit, darüber nachzudenken und zu prüfen, was Gott mir sagen will.

( ) Ich glaube bereits an Jeschua und möchte mehr über »Juden für Jesus« wissen.

Ich bin ( ) jüdisch ( ) nicht jüdisch

Bitte einsenden an:
Juden für Jesus
Postfach 10 18 22
45018 Essen
E-Mail: judenfuerjesus@aol.com
www.judenfuerjesus.de
www.jewsforjesus.org *(Englisch)*